北多摩戦後クロニクル

「東京郊外」の軌跡を探る

ひばりタイムス企画班【編】

言視舎

まえがき

私たちが暮らす地域は戦後、どのような道をたどって現在に至っているのか。地元の来歴をたどり、東京の郊外から見た戦後日本を点描できないか——。

本書はそんな思いを出発点として、西東京市を中心とする地域報道サイト「ひばりタイムス」に2023年1月から12月までの毎週火曜に連載した企画記事「北多摩戦後クロニクル」を収録したものです。

ひばりタイムスは「西東京と近隣、折おり東京、日本、世界のニュース&出来事」を掲げて、地元在住の記者経験者や市民ライターが地域の市民活動やイベント、行政や議会、選挙の動向を伝え続け、2015年2月から2023年12月の休止まで約3000本の記事を掲載してきました。

年間企画「北多摩戦後クロニクル」は、東京23区西側、埼玉県南部に隣接する北多摩北部（東村山・清瀬・東久留米・西東京・小平の5市）周辺における戦後約80年間のニュースや話題から51項目を選び、地元在住の記者経験者・編集者らが、時に自らの体験を交えながら各トピックの概要と背景について執筆しました。

その分野は、米軍による空襲から自治体の合併と消滅、工場の建設と移転、交通・下水道網の整備、研究施設・福祉施設・大学・美術館の開設、遺跡の発見、娯楽行事やスポーツ、イベントの開催、事件・事故など、あらゆる領域に及びます。

例えば「清瀬に結核研究所付属療養所開設」（1947年）、「小平に米軍輸送機墜落で米兵129人犠牲」（1953年）、「皇太子夫妻がひばりが丘団地を視察」（1960年）、「玉川上水が国史跡に指定」（2003年）、「東村山音頭の志村けんが新型コロナで死去」（2020年）……それぞれ地域のエポックとなった出来事であると同時に、その時代状況を色濃く映し出してもいます。

50項目は時系列に並べていますが、関心のあるトピックから拾い読みもできます。サイト連載時は3〜7枚の関連写真や図表を掲載しましたが、本書では紙面の都合上、1〜3枚に絞り込みました。あらかじめご了承願います。また巻末に、この地域の主な出来事を年代順に記した年表を収録しました。ご参照ください。なお、本文中の肩書き、計画などは2023年現在のものです。

西武鉄道の池袋線と新宿線が東西に走る北多摩北部はゆるやかにひとまとまりの文化を持つエリアであり、戦後は東京のベッドタウンとしての開発が進み、急速に変貌を遂げた地域です。それは東京郊外の典型ともいえる変化でした。私たちの暮らしの来し方行く末をともに見つめていきたいと思います。

北多摩戦後クロニクル　目次

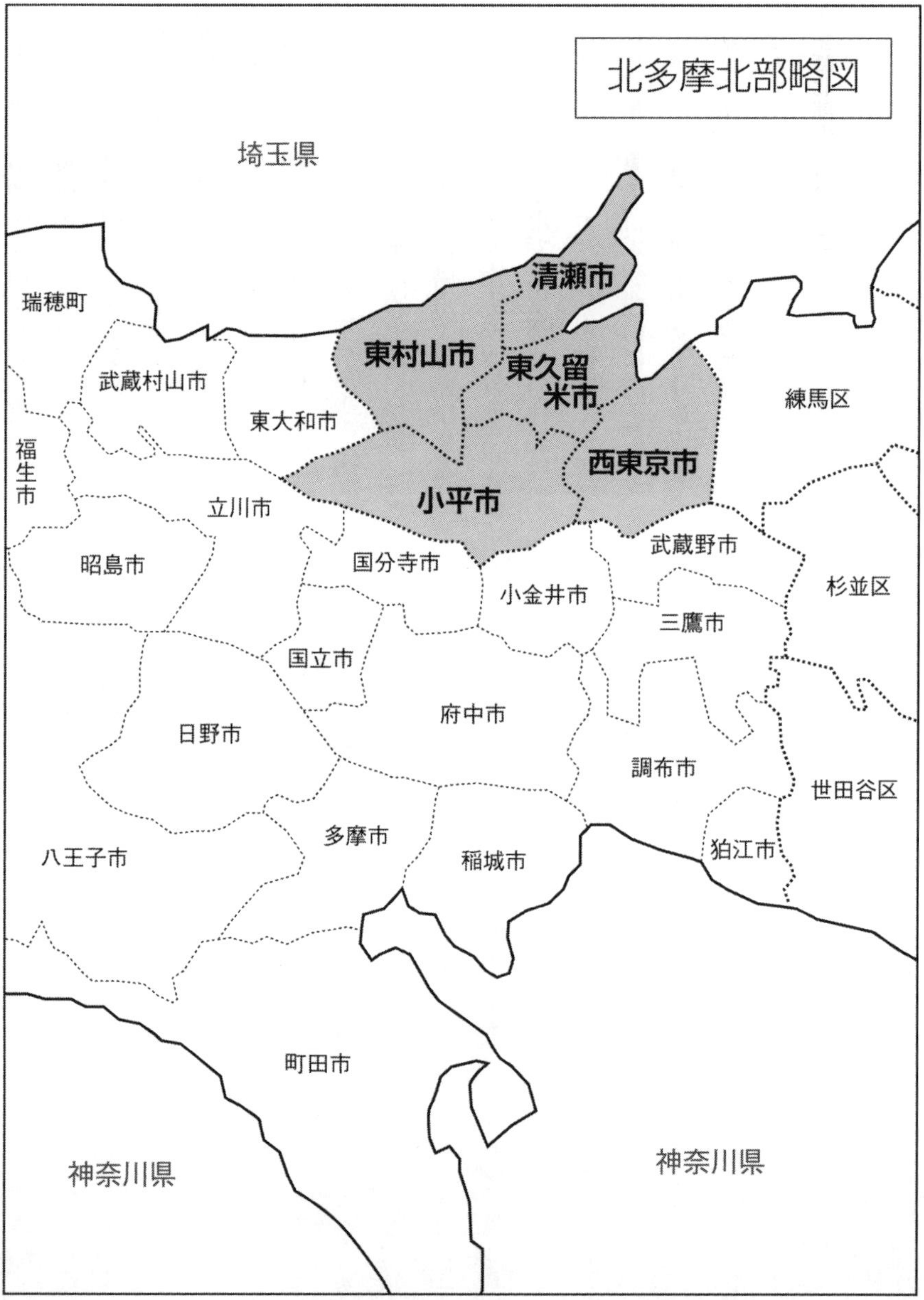

北多摩北部略図
埼玉県
瑞穂町
清瀬市
東村山市
東久留米市
武蔵村山市
東大和市
練馬区
福生市
西東京市
小平市
立川市
武蔵野市
昭島市
国分寺市
杉並区
小金井市
三鷹市
国立市
府中市
日野市
調布市
世田谷区
多摩市
狛江市
八王子市
稲城市
町田市
神奈川県
神奈川県

北多摩戦後クロニクル――「東京郊外」の軌跡を探る

1944〜45年

北多摩の空襲

標的にされた軍事基地圏

本土空襲の第一目標

戦後への導線として、まず北多摩地域が第2次大戦時に経験した空襲を取り上げる。

1944（昭和19）年11月から翌年8月の敗戦まで、多摩地区のほぼ全域が米軍のB29爆撃機などによる激しい空襲に見舞われた。その数、40数回、犠牲者は1500人以上に上った。ただし、戦災をめぐるこうした数字は資料や発表元によって異なり、必ずしも確定していない。

当時、多摩地区には100を超える軍事施設と軍需工場が集中していた。最も多く爆撃を受けたのは、保谷町（現西東京市）に隣接する武蔵野町（現武蔵野市）にあった中島飛行機武蔵製作所だった。当時、4万5000人の従業員が24時間体制で働き、日本の軍用航空機エンジンの3割近くを製造していた。東洋最大の飛行機製造工場は本土空襲の第一目標にされ、11月24日、本州で最初に空襲を受けた。

犠牲者、回数ともピークに達したのは1945年4月の空襲だった。北多摩地域周辺の主だった被害を記すと、4月2日の夜間空襲では照明弾で地上を照らしながら低空からの爆撃が広範囲に行われた。北多摩東部から埼玉県南部に降り注いだ爆弾は4000発以上。保谷町には250キロ爆弾の信管が数時間後に炸裂する「時限爆弾」が投下され、全域で女性、子ども多数を含む民間人250人以上が犠牲になった。

4月12日には武蔵製作所の北側に1トン爆弾が多数投下され、田無駅前の防空壕で30数人、駅周辺だけで50人以上が死亡する田無町の空襲最大の惨事になった。西東京市はこの日を「西東京市平和の日」と定めて毎年、記念行事を行っている。

7月29日、武蔵製作所を目標に投下した爆弾はやはり北側に外れて柳沢で爆発した。「パンプキン爆弾」と呼ばれた原爆の模擬爆弾だった。B29が原爆のきのこ雲に巻き込まれないための投下訓練だった。この模擬爆弾は敗戦までに全国で計49発投下された。

「西東京市平和の日」の記念行事で展示された1トン爆弾の実物大模型（2019年4月12日）＝@ノースアイランド舎

農村地帯の変貌

畑や平地林が広がる農村地帯だった多摩地区が、巨大な軍事基地エリアとなったのはなぜなのか。

まず平坦で広大な土地は造成しやすく、地価が比較的安かった。東西南北に鉄道や道路網の整備が進んで物資や人員の移動に便利だった。豊富な地下水と農村の潜在労働力があった。そして陸海軍の中枢機能が集中する都心に近かった。

そこに日中戦争による軍需景気がわき起こった。戦火が本格化する１９３８年、武蔵野町に中島飛行場が建設され、周辺地域に多数の関連会社、下請け会社、研究所が建設される。さらに府中、小金井、国分寺、小平などにも軍事施設や軍需工場が次々造られていった。

1922（大正11）年に陸軍航空部隊の中核として立川に開設された立川陸軍飛行場は拡大、強化され、38年には航空部隊の研究・開発・製造の一大拠点になった。農業や繊維業が中心だった多摩の地場産業は軍需産業に転換し、人口も急増して工業化、都市化が一気に進んだ。

大戦末期になると、重要工場の疎開が閣議決定され、南多摩、西多摩地域に多くの工場が移転し、多摩地区全体が軍事基地化の様相を強める。なかでも飛行機工場のある武蔵野地区、飛行機工場と軍の施設が集中する立川地区、八王子地区は戦略爆撃の目標とされ、周辺地区を巻き添えにして集中的な爆撃を受けた。

空襲の痕跡が残る東大和市の旧日立航空機株式会社変電所

空襲によって工場の多くは壊滅した。敗戦後、GHQ（連合国軍最高司令官総司令部）は立川飛行機の全施設、旧陸軍施設を次々に接収した。一部は農民に返還されたが、軍事施設や軍需工場は占領期から冷戦時代、米軍基地として朝鮮戦争とベトナム戦争などの後方補給基地となった。さらに自衛隊が基地として使用し、一部は都営住宅、都市公園、大学用地などの公共施設、都市施設に変わった。

戦跡を訪ね歩く

激しい空襲を受けた北多摩地域では、1970年代以降、自治体や市民の手で戦跡や空襲体験者の証言を記録する取り組みが活発に行われてきた。

爆風に吹き上げられて欅《けやき》の木にあわれ死体をさらせし教え子

4月12日の空襲を詠んだ田無国民学校（現在の小学校）教員、塚田クメ子さんの短歌は、そのまま凄惨な光景の目撃証言でもある。

戦争の傷跡を訪ね歩く戦跡フィールドワークも各地で開催されている。２０２２年12月11日には西東京市内の戦跡を見て回る「この町にも戦争があった」（芝久保公民館主催）が開かれた。「武蔵野の空襲と戦争遺跡を記録する会」代表の牛田守彦さんの案内で、空襲で頭部が行方不明になったとされる地蔵菩薩像（芝久保）や戦災慰霊塔のある総持寺（田無町）など計6カ所を市民20人が巡った。

20世紀は「戦争の世紀」と呼ばれた。ウクライナ戦争を挙げるまでもなく、21世紀の今も世界で戦争や紛争は相次いでいる。しかも人工知能やドローンを使った最新兵器が人々から戦争のリアリティーを奪っている、と牛田さんは語る。

「一人ひとり名前を持ち、家族がいて、未来がある人の命を奪うのが戦争だ。身近な石碑やモニュメント、慰霊碑が示す小さな歴史は大きな歴史につながり、現在にもつながっている。自分の足で歩いて、自分の目で見るフィールドワークを通じて、自分が暮らす地域にも悲惨な出来事があったことを知り、そこからさらに戦争の原因や背景を学んでいってほしい」

（片岡義博）

【主な参考資料】
- 小沢長治『多摩の空襲と戦災』（けやき出版）
- たましん地域文化財団『多摩のあゆみ』第35号「多摩の戦災史」、第79号「特集 戦時下の多摩」、第１１９号「特集 戦時下の地域社会」、第１４１号「特集 戦時下の地域社会その２」

１９４６年 小金井カントリー倶楽部の接収

名門ゴルフ場を占領軍が独占使用

戦争下の受難

敗戦後、占領軍は軍務や宿舎のため各地の旧軍施設やホテルを次々接収したほか、将兵とその家族の娯楽・保養施設としてゴルフ場やテニスコートを差し押さえた。小金井公園に隣接する小平町（現小平市）の名門ゴルフ場「小金井カントリー倶楽部」（小金井ＣＣ）も１９４６（昭和21）年に完全接収され、会員は締め出されることになった。

小金井ＣＣはゴルフ用具の輸入商、深川喜一が雑木林と桑畑だった土地を買収し、米国の名ゴルファー、ウォルター・ヘーゲンの設計で１９３７年に開場した。華族や財閥系の要人が幅を利かせていたゴルフ場を「誰でも自由にプレーできるように」とゴルフ場組織を株式会社とし、会員が株主になって運営する「株式会員制」という方式を初めて導入した。

都心に近く自然豊かなコースは人気を呼び、東《ひがし》久《く》邇宮《にのみや》稔彦《なるひこ》王《おう》ら皇族や近衛文麿、五島慶太など政財界の大物が愛好した。しかし日中戦争から太平洋戦争へと戦火が拡大する中で贅沢品の統制が進み、「特権階級の遊戯」と見なされたゴルフは受難の時代が続く。

競技の中止・自粛、キャディーの廃止、最終的には15割にまで達するゴルフ入場税の導入など規制が相

プレーする米軍ゴルファー
（『小金井カントリー倶楽部50年史』より）

次いだ。60歳未満はキャディーなしで自らクラブを運ぶ「鍛錬ゴルフ」が求められ、ゴルフ用語の日本語化によって小金井ＣＣは「小金井打球会」、バンカーは「砂窪」、キャディーは「球童」などと改称された。

全国のゴルフコースのほとんどは軍事施設や畑に転用され、１９４０年頃には国内のゴルフ場の大半が壊滅状態になった。小金井ＣＣも陸軍経理学校が接収したインコースはさつまいも畑となり、経理学校の生徒が耕し、保谷町（現西東京市）の武蔵野女子学院の生徒が収穫した。軍用物資の輸送部隊も駐屯し、海軍の要請でフェアウェーの芝は剝《は》ぎ取られた。

国内に71あったゴルフコースのうち戦後生き残ったのは30のみ。小金井ＣＣがなんとか命脈を保ったのは、防衛総司令官だった東久邇宮が足繁く通ったコースだったからだろうか。

米軍の空襲は１９４５年春から激しくなり、コース内や練習場に次々に爆弾が投下され、爆風でクラブハウスの屋根は吹き飛ばされた。米軍機に銃撃された日本軍の戦闘機の一部が正門近くに落下し、パイロットが戦死する惨事もあった。

田中角栄のお気に入り

敗戦後、状況は一変する。占領軍はインコースの陸軍経理学校を接収し、クラブハウス前には星条旗がはためいた。１９４６年1月にはコースを完全接収し、耕作や爆撃、カスリーン台風（１９４７年）で荒れ放題のコースをブルドーザーで整備したうえ、米軍の将兵たちが独占使用した。会員はプレーどころか、ロッカーの私物にさえ触れることができなくなった。

倶楽部の理事会は接待攻勢を含めて米軍と粘り強く交渉を続け、48年には理事20人のプレーが許された。米軍との「共同経営」を経て、米軍を臨時会員としながらも独立経営に復帰できたのは、51年のサンフランシスコ平和条約締結後で、接収から8年経った１９５４年だった。

日本は朝鮮戦争特需から高度経済成長の急坂を駆け上ろうとしていた。57年に埼玉県川越市の霞ヶ関カンツリー倶楽部で開催された第5回カナダ・カップの日本優勝を機に全国的なゴルフブームがわき起こる。

60年代に入ると、ジャック・ニクラウス、アーノルド・パーマー、ゲーリー・プレーヤーといった米国のスター選手が次々に来場した。ゴルフ好きだった田中角栄は首相時代、再来日したニクラウスをゲストにプレーした。真偽は定かではないが、各ホールを足早に回る田中はキャディーやグリーンキーパーら従業員全員に1万円札を配って回ったというエピソードを残している。

小金井ＣＣの会員権はもともと日本でも最高水準額だったが、バブル景気絶頂の１９９０年前後、会員権相場は4億5千万円に達し、その高騰ぶりを米紙ニューヨークタイムズが報じた。

小金井カントリー倶楽部

「女性拒否」が物議

２０２０年の東京オリンピックで、ゴルフ会場に予定された霞ヶ関カンツリー倶楽部が正会員を男性に限定していることが「女性差別」として問題化した。しかし小金井ＣＣでは、そのはるか以前に国会を舞台に同様の問題が表面化している。

１９８５年、小金井ＣＣで開かれた駐日各国大使と外務省幹部の親善コンペで、当時の森山真弓外務政務次官が、「女子には日曜のプレーを認めない」という伝統を理由にプレーを拒否された。森山政務次官は外務省を通じて抗議するとともに、国会外務委員会で「大変に遺憾」と答弁。男女雇用機会均等法の成立直後のことだった。折からの倶楽部の運営や人事をめぐる内紛は泥沼化して訴訟沙汰にもなった。

それから30数年を経て、国際オリンピックから「改善」を要求された霞ヶ関カンツリー倶楽部の理事会は全員一致で女性正会員を認めた。一方、小金井ＣＣでは20歳以上の女性なら平日にプレーできるが、正会員は今も「日本国籍を持つ35歳以上の男性」に限定している。

倶楽部は本場の英米で「男性の社交場」だったゴルフクラブの伝統を踏襲するとともに会員制のプライベートコースであることを強調し、「時代の変化に応じて議論は常にしているが、規約の改正には至っていない」とする。「誰でも自由にプレー」できないところは今も昔もあまり変わっていない。（**片岡義博**）

【主な参考資料】

・『小平市史　近現代編』
・『小金井カントリー倶楽部30年史』『小金井カントリー倶楽部50年史』『小金井カントリー倶楽部75年史』（小金井カントリー倶楽部）
・矢作正治『小説 小金井カントリー倶楽部 - 深川喜一伝』（廣済堂出版）

1947年

小平に養護施設「東京サレジオ学園」
子どもたちを守り育てる

子どもたちと共にいる

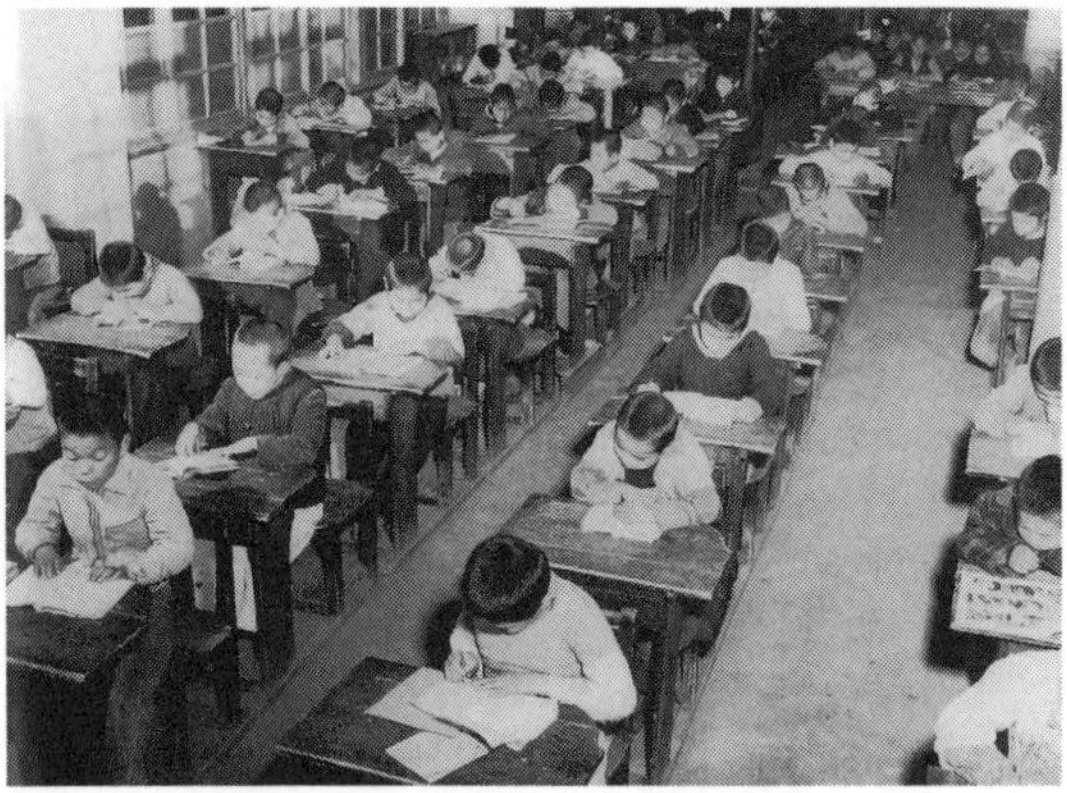
自習室で勉強する子どもたち（『サレジオの五〇年』より）

終戦直後、街には戦災孤児があふれていた。救済の手を差し伸べたのはほとんどが民間施設、なかでもキリスト教関係者が果たした役割は大きかった。

東京サレジオ学園は１９４６（昭和21）年、サレジオ修道会の神父が東京都練馬区の旧陸軍成増飛行場跡の兵舎を借りて園児３人とともに始まった。兵舎は米軍住宅地になるため、47年に現在の小平市上水南町にあった旧陸軍技術研究所跡地の払い下げを受けて移転。翌年には児童福祉法の施行により養護施設として認可を受けた。小中学校の設置も認可され、広大な敷地に子どもたちの生活の世話とともに学校教育も行う養護施設が誕生した。

親の不在や病気、養育放棄などさまざまな理由により家庭で生活できない園児たちの数は増え続け、１９５６年には定員２５０

人に達した。大人数が広い建物の中で食べ、眠る集団生活は管理しやすい反面、家庭のぬくもりに欠け、プライバシーがない。

「家庭から切り離された子どもたちに必要なのは、職員や地域と親密に交わる日常の生活体験だ。一般家庭に近い園舎を実現できないか」。学園は欧州視察を経て84年から園舎を小集団向けに建て替える抜本的な改革に乗り出した。

88年までに大部屋を排した7棟の園舎と厨房棟、職員宿舎、大聖堂、地域交流ホームなどが完成した。この取り組みは児童養護の世界で注目を集め、「子どもたちと共にいる」ことをテーマに自然と調和する瓦屋根や木製デッキ、中庭を取り入れた欧風の美しい建築群は数々の建築賞を受賞した。

「指導」から「受容と傾聴」へ

90年代に入り、児童養護の世界は大きな課題に直面する。「被虐待児」と呼ばれる、心に深い傷を負った子どもたちの入所だ。学園は「指導」から「受容と傾聴」を子ども支援の中核に取り入れることにした。日常生活を保障し、子どもの苦しみ、悲しみを受け止めて、その声に耳を傾ける。同時に食事を外部に任せることなく、園舎職員が子どものそばで自ら調理する取り組みも始めた。土台となるのは、サレジオ会を創立した北イタリアの司祭ドン・ボスコが理想とした「子どもたちが愛されていると感じられる関わり」である。

２０００年以降、学園は子どもたちの自立を支援するための地域小規模グループホームや再チャレンジホームの開設、一時的に子どもを預かるショートステイ事業と活動を広げ、２０２０年には園舎の一つを地域支援センターとして活用し、地域の子育てを助ける「子育てひろば」を開始した。

よみがえった鐘の音

学園の象徴とも言えるのが、大聖堂の隣にそびえる鐘塔だ。地上のコントローラーによって電動で大中小3連の鐘本体を揺らし、定時に鳴り響く音色が生活のリズムを刻んでいたが、電動モーター周辺機器の故障で2011年から動かなくなっていた。ドイツ製の特注品で専門業者に修理を頼むと何百万円もかかってしまう。

そこへ駆けつけたのが、町田市にあるサレジオ工業高等専門学校名誉教授（電気工学）の依田勝さんだった。当時75歳の依田さんは高さ何十メートルもある塔内のらせん階段を何度も登り降りして、滑車も使いながら頂上部に鉄骨の足場を組んで修理に挑んだ。

2019年春から試行錯誤を繰り返し、その年のクリスマスには3つの鐘すべてを鳴らすことに成功した。すべてボランティア仕事だったが、依田さんは「こんな機会は望んでも得られません。やらせていただくだけでありがたい」と話す。

3つの鐘は異なる音程と音色の組み合わせで独特の響きを奏でる。12時と4時半の防災チャイムが流れる時間に合わせて鳴るようにしており、卒園生の結婚式を聖堂で挙げた際には祝福の鐘が鳴り響いた。

東京サレジオ学園。中央に鐘塔がそびえる

大規模な園舎改築計画

２０２１年から学園は大規模な園舎建て替えと分園化計画を具体化している。建築群は築30年を超える老朽化に加え、排水機能の不具合などさまざまな問題を抱えていた。修繕には多額の費用を要するため、現在の園舎８棟のうち７棟を解体し、建築デザインを引き継いだ９棟を新たに建てる計画だ。

さらに国が進める児童養護施設の小規模化（45人以下）と、現定員98人の維持という都の要請に応えるため、現在の敷地内に「サレジオ小金井」（５棟、定員30人）を新設し、「サレジオ小平」（５棟、定員30人）と敷地外の６つのグループホーム（各定員６人）に分園化する構想を進めている。うち２つのグループホームには初めて女子を受け入れる。

計画に伴って学園の北側の土地９２００平方メートルを売却して財源の一部とし、サレジオ小金井は２０２５年４月、サレジオ小平は26年４月に開園する。学園は新しい画期を迎えようとしている。

田村寛園長は「各園舎の定員が６人に減ることで、子どもたちへの目配りがよりきめ細かくなるはず。建物は新しくなっても、子どもたちに寄り添って丁寧に関わっていくという私たちの養育方針は変わりません。その意味では今回のプロジェクトが『サレジオらしい養育とは何か』をあらためて確認する機会になればと思う」と話している。

（片岡義博）

【主な参考資料】

・『サレジオの五〇年』（社会福祉法人東京サレジオ学園）
・『東京サレジオ学園の七〇年』（社会福祉法人東京サレジオ学園）
・北田英治『サレジオ』（ＴＯＴＯ出版）

1947年

清瀬に結核研究所付属療養所（上）

「亡国病」との闘い経て医療の聖地へ

戦後間もない1947（昭和22）年11月、清瀬村（現清瀬市）に、結核研究所臨床部が開設された。その後、結核研究所付属療養所、同附属病院を経て89（平成元）年、結核予防運動の世界共通のシンボルを名称に取り込んだ「複十字病院」と改称した。大規模な総合病院になっているが、今も60床の結核病床がある。

結核は明治以来、日本で広く蔓延し多くの人命を奪った感染症だった。昭和初期には年間十数万人が死亡し、国民の死因第1位を占めたばかりでなく、多くの若者が犠牲になったことから「亡国病」とも呼ばれた。化学療法が確立するまでは隔離と静養による自然治癒を待つしかないのが実態だった。年齢、性別、貧富を問わず魔の手を広げる結核に人々はおびえ、その結果としての社会的差別や偏見も生み出した。

立地、環境で白羽の矢

清瀬への結核研究、医療機関集中は、戦前の31（昭和6）年、現在の西武池袋線清瀬駅西側に広がる雑木林に東京府立清瀬病院が建設されたことに始まる。当時東京・江古田に東京市立療養所があったが、昭和に入って再び急増を見せた患者を収容しきれなくなり、新施設の用地が物色されていた。都心から25キロ圏内と近いわりには新鮮な空気と静穏な環境を保つ清瀬が注目され、地元の反対を押し切る形で実現し

現在の複十字病院と結核研究所

た。清瀬病院は統合や移転の経緯をたどり、現在、国立病院機構東京病院として結核を含めた呼吸器疾患を中心とした医療の基幹施設となっている。

清瀬病院がきっかけのようになり、周辺にはサナトリウムと呼ばれた結核療養所をはじめとして次々と施設が建設された。地理的、自然的条件が比較的そろっていたことのほか、病気に対する偏見などから近隣への居住を避ける傾向が根強かったことも施設集中に拍車を掛けた。

戦後になると、結核治療に有効なストレプトマイシンなどの薬や治療法の開発、普及が始まったが、戦後の混乱もあって急速な状況改善には至らなかった。国は１９５１年、ＢＣＧ接種、健康診断、適正医療の普及を３本柱とする結核予防法を制定して本格的な対策に乗り出し、結核病床を倍以上の25万床に増やすことを計画した。これに伴い清瀬でも結核病院の新設、増床が急ピッチで進められ、「最盛期」の60年ごろには十数の病院に約５０００人が入院、治療を受けていた。

さらに、診断、治療、予防に次ぐ「第４の医療」とされるリハビリテーションの専門教育が日本でも始まった地が清瀬だったことも特筆される。63年5月、東京病院内に付属施設としてリハビリテーション学院が開校。米国、英国の専門家を招いて身体的回復にとどまらず、精神的、社会生活的サポートを目指す本格的なリハビリ教育が行われた。組織再編により２００８年閉校となるまでに１５１４人の卒業生を社会に送り出した。

中央公園にたつ「ここに清瀬病院ありき」の碑

治療、予防、研究のセンターとして

その後、結核は蔓延状況の改善が見られ、60年代後半からは結核病床の廃止や転換が進んだ。しかし完全に克服されたわけではなく、難治化、患者の老齢化、その一方で若年層の患者増加といった問題にも直面している。日本は51年以来、世界保健機関（ＷＨＯ）が定める基準で「中蔓延国」だったが、ようやくＧ７先進国中最も遅れて２０２１年の統計で人口10万人当たりの患者数が10人を切る「低蔓延国」になった。

さらに治療に加えて基礎研究や海外との交流などの課題もある。清瀬はそのような施設の全国的、国際的センターとしての役割を期待され、医師のほか、保健師、看護師、医療技術者、行政担当者の研修などを通じて大きく貢献している。

府立清瀬病院の跡地は中央公園と国立看護大学校になっており、中央公園には「ここに清瀬病院ありき」と刻まれた石碑がたっている。また、東京病院敷地内の雑木林には戦前に外気療法と作業療法のために建設された小屋のような「外気舎」の1棟が保存され、当時の闘病生活の厳しさを物語っている。

清瀬市はこのような特色ある地域の歴史と医療に果たした役割を重視して市政発展に生かす取り組みを続けている。「世界医療遺産」的な位置づけや、類似の歴史や役割を担った都市、地域と連携した「サミット」の開催なども考えられているという。

2022年、清瀬市郷土博物館で「結核療養と清瀬」と題したテーマ展示が行われ、多くの見学者を集めた。企画した同市の市史編さん室は市史の1冊として結核療養編を刊行する準備を進めており、一般から結核療養にまつわる資料、情報を寄せてくれるよう呼び掛けている。

(飯岡志郎)

【主な参考資料】

・結核予防会顧問・島尾忠男「清瀬と結核」(結核予防会JATA/機関誌「複十字」)
・「清瀬と結核」(清瀬市公式ホームページ)
・清瀬市『市史研究　きよせ』
・清瀬市企画部シティプロモーション課市史編さん室ブログ・市史編さん草子「市史で候」(清瀬市公式ホームページ)

1947年

清瀬に結核研究所付属療養所（下）

病と向き合い、交流する文学者の群像

不屈の俳人、石田波郷

戦前、戦後、そして未来に向けて「結核病院街」とも「結核の聖地」とも称される歴史を刻んできた清瀬市。そこで治療や療養をしていた人々は実にさまざまだ。境遇も職業も生い立ちも異なる老若男女が、かつては「不治の病」と言われた結核と向き合って懸命に生きてきた。治療もむなしく逝った人たちも数多い。この回ではあまたいる患者の中から清瀬での療養で自らの内面を耕して優れた作品を残した文学者の足跡を振り返りたい。それは結核の治療、闘病の歴史を彩るサイドストーリーでもある。

今生《こんじょう》は病む生なりき烏頭《とりかぶと》

俳人の石田波郷は長い結核との闘いの中で句作を続けた不屈の人である。1948（昭和23）年5月、まだ村だった清瀬にあった当時の国立東京療養所に入院して胸郭成形術と樹脂球充填術という手術を受けた。

肺の中の結核菌の増殖を抑えるため、肋骨を外し合成樹脂の球を埋め込んで肺の面積を狭める手術だっ

療養中の石田波郷
石田波郷記念館（砂町文化センター内）所蔵

た。成功して2年弱の療養を経て退院するが、再手術や呼吸困難などのために何度も入院して、69年、56歳で亡くなる。病に悩まされながらも旺盛に句作を続け、数多くの句集を世に送り出して俳人として名を成した。

波郷は１９１３（大正２）年に愛媛県に生まれ、正岡子規や高浜虚子を輩出した旧制松山中学のころから句作を始めた。やがて俳誌「馬酔木《あしび》」を主宰する水原秋櫻子に師事して上京、明治大に進む。召集されるが肋膜炎で戻され療養生活が始まる。45年1月のことだ。

身長１８０センチの偉丈夫だが両親ともに結核を患っている。小康を得て句作に励んで俳誌「鶴」を創刊したものの、病状が悪化して住まいのある東京・江東区砂町から清瀬に来て入院する。南北2列に8棟ずつ木造平屋の病棟があり、波郷は南七寮六号室に入った。６人部屋だ。たまたま俳句愛好者が同室にいて、彼は病室で句会を開き、ほかの病室の人たちと回覧句会をした。病院内で俳句大会が催されたこともある。

同室に若い患者がいた。結城昌治である。東京地方検察庁の職員で俳句とも文学とも無縁だったが、波郷の影響で俳句を始め、次第に文学に目覚めていく。時を経て作家として立ち、直木賞を受賞するのだが、結城の人生は後で書く。

句碑に「惜命の文字隠れなし」

波郷は退院後も時折、療養所を訪ねて療養を続ける仲間たちを励まして交流し、入退院も繰り返した。57年には縁あって清瀬中学の校歌を作詞している。2013年、波郷の生誕100年を記念して清瀬市の中央公園に碑がたった。結核療養所の歴史を刻み、波郷の句が2句紹介してある。

遠く病めば銀河は長し清瀬村
七夕竹 惜命《しゃくみょう》の文字隠れなし

家族と離れての長い闘病生活はやはり孤独でつらかったに違いない。同室の人たちが寝静まった深夜、窓から眺める星空に何を思ったのか。「遠く病めば」の言葉に切なさが伝わってくる。同室だった結城は波郷から「命が惜しいからね」と聞かされたとエッセーに書いている。「惜命」の句も生への執着を切々と詠んでいて心に響く。

さて、波郷の薫陶で文学に興味を抱いた結城昌治のことである。1927（昭和2）年に東京・品川で生まれた。不良少年であり軍国少年だったという。18歳で海軍特別幹部練習生になり、訓練を終えて入隊の際の身体検査で結核が見つかり、終戦の年の45年5月に帰還命令を受ける。初期の結核で体調に異変もなく、戦争が終わると彼は夜間学校や職業を転々とした後、東京地検の職員の口を得る。だが両方の肺を侵した結核菌は次第に増殖する。

この時期は結核が蔓延していて病床が足りず、療養や入院ができない患者が大勢いて、自宅で静養するほか、学び、働く人たちも少なくなかった。結城は49年4月に国立東京療養所に入院。治療、療養して翌年の暮れに社会復帰して東京地検に戻り、やがて作家生活に入った。70年に軍規違反の疑いを受けて審判なしで死刑にされた陸軍兵士の無念さを克明に綴った『軍旗はためく下に』で直木賞を受賞する。

福永武彦、療養中に代表作完成

今回執筆にあたって貴重な資料になったのが清瀬市役所の市史編さん室が編集している「きよせ結核療養文学ガイド　ブンガくんと文学散歩」だ。清瀬の歴史、とりわけ日本有数の結核療養所群がある街の歴史を掘り下げている。

文学散歩もその一環。療養所で暮らした文学者の群像を丁寧に分かりやすく紹介している。好奇心旺盛な少年ブンガくんと、清瀬にやたら詳しく先生口調の市の鳥オナガ（尾長）鳥との対話形式で進む。軽妙で中身が濃いから、中学生や高校生にも読みやすい。結核患者や療養所の様子もよく分かる。インターネットで読めるので検索していただきたい。

波郷や結城と清瀬の結核病院で交友があった作家がもう1人いる。小説、翻訳、映画評論などで知られる福永武彦だ。1918（大正7）年福岡に生まれ、父の転勤で東京に移る。旧制一高から東京帝大文学部仏文科に入学。卒業して文筆活動をしていたが、45年春に急性肋膜炎と診断され、東京や北海道帯広で療養するが、47年10月に波郷や結城と同じく国立東京療養所に入る。

結核が猛威を振るっていた時期だ。戦中、戦後、栄養不足がひどく、戦地からの復員者にも結核患者が多くいて感染が広がった。福永は肋骨を切り取り肺を萎縮させる、そのころ主流の胸郭成形手術を受けたが、結核菌はなかなか退治できず、結局、53年3月まで足かけ7年間も療養する。

福永は波郷たちと病室は違ったが、病棟は同じで波郷の病室を訪ねるなどして交流を深めた。療養中にも精力的に句作する波郷の気力に感動したという。波郷に刺激を受けて執筆に励み、彼も療養中に代表作になる長編小説『風土』を完成させている。入院前から構想を練っていた10年がかりの労作だ。

福永は先輩作家の堀辰雄に師事していた。堀は小説『風立ちぬ』で知られる。サナトリウムを舞台に婚約者を結核で失う青年の介護の日々を描いた哀切な物語だ。福永は退院後に長い療養の日々を描いた「草の花」を書いている。ちなみに福永の長男は芥川賞作家の池澤夏樹である。

福永は退院後に本格的な執筆活動に入るが、やはり退院して東京地検に勤めていた結城との交流は続いた。地検を辞めたがっていた結城に福永は「ミステリー作家かカメラマンになるのがいい」と勧めたという。ミステリー小説の翻訳や執筆をしていた福永は結城に内外のミステリーの蔵書をたくさん貸していたから、結城はその蘊蓄をもとに52年にユーモラスな本格推理小説『ひげのある男たち』を刊行、作家として立った。療養生活が縁を結んで人生行路が決まったのだ。

病室で芥川賞受賞知った吉行淳之介

波郷、結城、福永がいた国立東京療養所は国立病院機構東京病院になっている。近くに国立療養所清瀬病院があり、この2つの病院が62年に統合し、その後病棟建て替えや組織変更を経て現在の姿になった。その清瀬病院に入院していたのが作家の吉行淳之介だ。

1924（大正13）年に岡山で生まれる。父はダダイズム作家の吉行エイスケ、母は美容師のあぐり、女優の吉行和子は妹、その下の妹の理恵は芥川賞作家である。父の上京により2歳で東京へ。旧制静岡高校を卒業すると20歳で召集。だが気管支喘息で除隊になり、東京帝大文学部に進む。

現在の東京病院

再び召集されたものの、出征を待たずに終戦を迎えた。東京帝大では文学仲間といくつかの同人誌に加わり、文学に傾倒するが、中退して編集者の仕事に就いた。51年に「原色の街」が芥川賞候補になり、本格的に小説家を志すが、左の肺に空洞が見つかった。

それでも執筆を続けるが結核が悪化して千葉県佐原の療養所で静養、清瀬病院の院長だった遠縁の医師の勧めで53年11月に同病院に入院して翌54年1月に手術を受けた。菌に侵された肺の一部を切除する手術だった。結核外科手術が急速に進歩して、麻酔も手術後の感染症を予防する抗生物質も広がり、胸郭成形手術に代わって肺の切除が一般的になりつつあった。

吉行が入った病室は大部屋で簡素な木製のベッドが12床ずつ2列に並んでいて満床だった。吉行は作家であることを隠していたが、54年2月号の「文学界」に載った「驟雨《しゅうう》」が同年7月に芥川賞を受賞して周囲の知るところになってしまう。

芥川賞は当時、今ほどマスコミは騒がなかった。彼は受賞当日の様子を随筆に書いている。午後8時の消灯時間が過ぎた後、文藝春秋社から病院に受賞を知らせる電話が入った。看護師が懐中電灯を持って病室に来て「よく分かんないんだけど何とか賞とか言っていたわ」と伝えた。芥川賞の候補になっていたことは知っていたので、すぐに分かった。

受賞してから、別の大部屋に入院中の青年が自作の詩を持って吉行を訪ねてきた。気乗り薄のまま一読した吉行は青年の才能を感じたという。その青年が後年、詩集『他人の空』などで高い評価を得る飯島耕一である。吉行の手術は成功したものの、持病の喘息の病状が思わしくなく、結局2年以上、療養を続けた。彼は小説「漂う部屋」で、死と隣り合わせの病室の人間模様を描いている。

最後にもう1人、清瀬病院で55年に手術を受けて病後を養った女性作家のことを書こう。73年に「れくいえむ」で芥川賞を受賞した郷静子だ。結核を患いながら勤労動員に励んだ軍国少女だった。退院後、結婚して母親になるが、文学への情熱を持ち続けて自らの戦争体験をもとにした、一種の反戦小説で療養の日々も綴っている。そのときの芥川賞の選考委員に吉行が名を連ねているのも奇縁といえるだろう。

（中沢義則）


【主な参考資料】
・清瀬市企画部シティプロモーション課市史編さん室「きよせ結核療養文学ガイド　ブンガくんと文学散歩」（清瀬市公式ホームページ）
・石田修大『わが父 波郷』『波郷の肖像』（いずれも白水社）
・結城昌治『死もまた愉し』（講談社）

1948年

津田塾大学の開校

時代を担う女性を育成

女性の高等教育に捧げた生涯

1948（昭和23）年3月、学制改革に伴って北多摩郡小平町（現小平市）に女子大学「津田塾大学」が設立され、英文学科に49人が入学した。翌年には数学科が増設され、2学科からなる学芸学部となった。以後、津田塾大学は「私立女子大の最高峰」として英文学や国際関係学の分野をはじめ各界で活躍する卒業生を多数輩出し、女性の地位向上と社会進出に大きく貢献する。

前身は1900年、東京・麴町に設立された日本初の私立女子高等教育機関「女子英学塾」だった。創立者はその肖像が2024年度発行の新5千円札の「顔」となることで注目された津田梅子（1864～1929年）。女性の高等教育に捧げた生涯が2022年3月、広瀬すず主演で「津田梅子～お札になった留学生」（テレビ朝日系列）としてドラマ化もされた。

津田は1871（明治4）年、日本初の女子留学生5人のうちの最年少6歳で渡米した。17歳で帰国した際、日本の女性差別の実態に衝撃を受け、女性の地位向上のための学校設立を決意する。2度目の米国留学から帰国後、教鞭をとっていた華族女学校などの職を辞し、麴町区一番町に念願の「女子英学塾」を創設した。

良妻賢母を育てるそれまでの女子教育とは異なり、キリスト教の精神を尊び、進歩的でレベルの高い授業が評判となった。しかし一番町から元園町を経て五番町に移転した女子英学塾の校舎は関東大震災（1923年）による火災で焼失してしまう。

英学塾は手狭だった麹町から小平への移転を決めて2万5000坪の土地を取得していた。移転の最初の仕事は防風林・防砂林を敷地の周りに植えることだった。春先、一帯は季節風のために砂塵が巻き上がる。現在、キャンパスを囲む豊かな樹々は当時、植林されたものだ。

津田梅子の墓（津田塾大学構内）

1931年、新学舎とともに最新の設備を備えた学生寮2棟が完成した。しかし津田梅子はその2年前に64歳でその生涯を閉じた。「UME TSUDA」と刻まれた墓石が大学構内に建てられるとともに校名が創立者の名を冠した「津田英学塾」に改められた。

戦時下、日米関係は悪化し、米国と深いつながりを持ち英語教師の育成を目的とする英学塾は激しい逆風にさらされた。「英語不要論」とともに英語教師、学生数は激減し、塾は存続の危機に陥った。

英学塾の第2代塾長の星野あい（1884～1972年）は、塾存続のため1943年に理科を新設し、校名から「英学」を外して「津田塾専門学校」と改めた。近隣女性のための託児所「津田こどもの家」を開所し、食糧難対策として運動場や寄宿舎を農園に、体育館などを日立航空機のエンジン製造の作業場にして時局に応じた。

敗戦後、星野は塾の大学昇格のために奔走する。津田塾大学の初代学長に就いた星野の尽力を称え、大学にある図書館は「星野あい記念図書館」と名付けられた。

女子学生が多い町

小平市は多くの大学を擁することで知られる。もともと西武グループ創始者の堤康次郎（１８８９～１９６４年）が１９２０年代に小平を含む地域に大学都市を構想し、東京商科大学（現一橋大学）の予科が27年に千代田区神田一ツ橋から小平に移転した。女子英学塾の移転もその時期に重なる。46年には恵泉女子農芸専門学校が小平の旧陸軍経理学校東校舎跡地に移転してきた。

１９５０年の国勢調査が示す６歳から24歳の在学者数の年齢別構成を見ると、旧小平町で大学・短大に在学する19～24歳の割合は男子16％・女子15％で、全国平均の男子４％・女子２％に比べるとはるかに高い。東京都の19～24歳の割合は男子15％・女子４％だから、小平町の女子の割合は東京都全体の平均と比べても格段に高いことがわかる（『小平市史近現代編』より）。

59年に朝鮮大学校、61年に武蔵野美術学校鷹の台校（現武蔵野美術大学）、64年に白梅学園短期大学、82年には嘉悦女子短期大学（現嘉悦大学）がそれぞれ小平に移転、開設。85年には文化女子大学（現文化学園大学）小平キャンパスが完成した（２０１５年に渋谷区代々木に移転）。小平は学生の町であると同時に、女子学生が多い町でもあった。

津田塾大学（小平市津田町）

各界を担う人材を輩出

１９７５年、津田塾大学で「替え玉受験事件」が起こった。娘に代わって高校教師の父親が女装して受験し、２日目に替え玉が発覚した。「私立女子大の最高峰」「女の東大」と呼ばれた同大の人気を伝える事件でもあった。

しかし、90年代に入って女子大離れが進み、女子大の数は98年の98校をピークに減少していく。そのなかで津田塾は英国の教育専門誌タイムズ・ハイヤー・エデュケーション（ＴＨＥ）が発表した「日本大学ランキング（旧世界大学ランキング日本版）２０２３」で総合順位69位、私立女子大学としては6年連続で1位を誇っている。

政界や官界、経済界、学術界を担う人材を多数輩出してきた。山川菊栄（評論家）、犬養道子（評論家）、鶴見和子（社会学者）、吉野裕子（民俗学者）、大庭みな子（小説家）、小池昌代（詩人・小説家）、戸田奈津子（映画字幕翻訳家）……。

「女性第1号」も次々に生み出した。女性初の外交官・山根敏子、女性初の東京大学教授になった社会人類学者の中根千枝、女性初の官房長官になった森山真弓。元文部大臣の赤松良子は労働省初代婦人局長時代に男女雇用機会均等法制定の中核を担った。ディー・エヌ・エー創業者の南場智子は女性初の日本経団連副会長や日本プロ野球オーナー会議議長に就いた。

ハンセン病患者に寄り添い続けた精神科医の神谷美恵子は同大の教員でもあった。いずれも津田梅子が育んだ「女性の自立と社会貢献を促す精神」を受け継ぐ女性たちだ。

（**片岡義博**）

【主な参考資料】
・『津田塾大学　津田梅子と塾の90年』（津田塾大学）
・『津田塾大学一〇〇年史』（津田塾大学）
・「津田塾の歴史」（津田塾大学ホームページ）
・『小平市史　近現代編』
・大門正克「今を生きる小平の歴史－近現代の一五〇年－」（『小平の歴史を拓く－市史研究』第6号所収）

1948年
小平霊園が開園
時代を映すお墓のスタイル

「武蔵野霊園」という代案

1948（昭和23）年5月、東京都立小平霊園が開園した。小平霊園は8つの都立霊園（青山、雑司ケ谷、谷中、染井、多磨、八柱、小平、八王子）のうち7番目、戦後初めてできた比較的新しい墓所だった。宗旨宗派を問わず、さまざまな形態のお墓がそろった公園型の霊園である。

開園した当時、辺り一帯は雑木林と畑が広がり、周辺の農家の人々がトロッコを使って整地作業に携わった。現在、敷地は東村山市、小平市、東久留米市にまたがる約65万平方メートル（東京ドーム14個分）、4万区画に拡大し、そのうち半分以上が東村山市に属する。しかし開園当初の区画はほとんど小平エリアで、西武新宿線小平駅から徒歩数分の位置にあったため「小平霊園」と名付けられた。

当時、世間は「小平」の2文字に恐怖と嫌悪を伴う悪印象を持っていた。1945年から46年にかけて都内を中心に発生した7人の女性に対する連続強姦殺人事件「小平事件」が人々の脳裏に焼き付いていたからだ。小平は犯人の名字だった。「霊園名を変えたほうがいいのでは」という議論が浮上し、「武蔵野霊園」という代案も出た。しかし今や「小平」と聞くと、まず「霊園」を思い浮かべるほど両者は分かちがたい関係になった。

広大な敷地の半分には武蔵野の風土を残した樹林や緑地が広がる。かつては霊園のそばに建つ多摩済生病院から「病院から墓地が見えるのは患者の健康に良くない」と申し入れられたこともあったが、環境やデザインに配慮した園内は、今では人々の散歩コースになっている。

お彼岸には1日数万人の墓参者が訪れ、ケヤキや桜、アカマツが並ぶ園路は散歩や花見のスポットとして市民に親しまれている。霊園内の一角、新青梅街道沿いの雑木林には「さいかち窪」と呼ばれる直径100メートル余りの窪地があり、荒川水系の黒目川の源流域である。普段は枯れているが、雨の続いた後などには湧き水が見られることから「幻の泉」とも呼ばれている。

供養は「家」から個人に

戦後に開園した霊園だけに昔ながらの墓石だけでなく、時代の流れに応じて新しい埋葬のスタイルを取り込んできた。霊園の歴史をたどると、時代と社会の変化がそこに映し出されていることが分かる。

多摩霊園、八柱霊園に次いで郊外に位置する第3の公園墓地として開園した背景には、東京の急速な人口膨張がある。戦前の約730万人から終戦の1945年には380万人弱まで減った東京の人口は55年までにほぼ倍増し、63年には1千万人を超した。

1961年、墓石を画一化した「芝生墓地」を都立霊園で初め

アカマツが美しい小平霊園

て開設した理由の一つが「墓地形態においても戦後の民主化に通ずる公平の原則、個人間の格差是正を実現する」（小平霊園管理事務所『開園50周年を迎えて』）だった。墓域も比較的均一・平等に区画され、整然と墓石が配置された。墓域や墓石の形態にも戦後民主主義の光が差し込んだのだ。

91年、さらに板状の墓石が壁に沿って並ぶ「壁墓地」を初めて本格導入して注目を集めた。場所を取らず、デザインが統一されているため比較的安く建てられる。99年には一つの墓に多くの遺骨を埋葬する「合葬式墓地」の供用を始めた。

核家族化、少子高齢化、未婚率の増加によって、お墓の承継が難しくなった時代。ライフスタイルと価値観の変化によって、人々は「家」を象徴するお墓よりも個人単位の身軽なお墓を望むようになっている。それに伴って墓の簡素化、効率化、合理化が進んだ。

自然志向を背景に２０１２年には都立霊園としては初めてとなる共同埋葬の「樹林墓地」、２０１４年に個別埋葬の「樹木墓地」を設けた。抽選倍率を見ると、樹林墓地のほうが圧倒的に人気がある。承継が要らず、お金のかからない供養の仕方が求められているようだ。

芝生墓地には作家・伊藤整（1905～69年）の墓もある

作家や詩人が眠る

霊園には数多くの著名人が眠る。なかでも作家や詩人の墓が目立つ。民芸運動を提唱した柳宗悦（１８８９〜１９６１年）。「七つの子」などの童謡を残した詩人、野口雨情（１８８２〜１９４５年）。「日本児童文学の父」と呼ばれた小川未明（１８８２〜１９６１年）。小説『二十四の瞳』を著した壺井栄（１８９９〜１９６７年）。ベストセラー『複合汚染』『恍惚の人』を世に問うた有吉佐和子（１９３１〜８４年）。

革新勢力が強かった北多摩地区の土地柄と関係があるかどうかはわからないが、反体制派の政治家や進歩派文化人の墓も目立つ。全国水平社創設にかかわった佐野学（１８９２〜１９５３年）、戦後の日本共産党を指導した宮本顕治（１９０８〜２００７年）。その妻でプロレタリア文学の第一人者だった宮本百合子（１８９９〜１９５１年）、プロレタリア演劇を主導した劇作家の久保栄（１９００〜５８年）、戦後リベラルを代表する評論家の加藤周一（１９１９〜２００８年）。反差別、反戦運動に身を投じた行動派の僧侶を父に持つ稀代のコメディアン、植木等（１９２６〜２００７年）もここに眠っている。

西園寺公望、髙橋是清、大平正芳、東郷平八郎、山本五十六、山下奉文など政治家や官僚、軍人が多く眠る多磨霊園と比べると対象的とも言える。

墓石に名字だけが刻まれたもの、洗礼名や墓碑銘が記されたもの、句碑やオブジェが立っているもの、それぞれのお墓からは故人の生前の姿や遺族の思い、そして時代背景をうかがい知ることができる。

（**片岡義博**）

【主な参考資料】
・『開園50周年を迎えて』（小平霊園管理事務所）
・東京都小平霊園案内図・著名人墓地案内（パンフレット）

1949年
田無の仮装大会始まる
数万人の観客を集めた真夏のイベント

ゴジラとシンデレラ

1949（昭和24）年、田無町（現西東京市）で盆踊りに伴う仮装大会が始まった。意匠を凝らした大掛かりな山車《だし》とさまざまなキャラクターに扮した住民が青梅街道をねり歩くイベントは「関東一の仮装大会」として新聞、ラジオ、テレビで大きく報じられた。大会は年を追って盛大になり、毎年、関東一円から見物客が押し寄せる真夏の風物詩になった。

戦後、田無は人口の急増に伴って宅地開発が進み、工場も次々と進出して商店街の発展も目覚ましかった。田無町本町商店会は商店の売り上げを伸ばすため、中元大売り出しや年末福引大会など近隣町村からお客を呼び寄せるさまざまなイベントを企画した。

戦前から総持寺の境内で続いてきた盆踊りは戦後、総持寺の花まつり稚児行列とともに田無名物になった。なかでも1949年に個人コンクールから始まった仮装大会は盆踊り最終日の8月上旬の夜に催され、賞金や商品を狙って参加者がアイデアと演出を競った。

当時の様子は商店会役員の前沢晋さんが記した小冊子「田無町 関東一の仮装大会」に詳しい。それによると、52年の大会で「境新道の八百屋の繁ちゃん」なる人物が桃太郎に扮し、犬、猿、キジ、鬼に仮装

巨大ゴジラの登場に盛り上がる仮装大会（1955 年 8 月、田無商業協同組合提供）

した子どもとともにハリボテの金銀財宝を車に積んで総持寺に乗り込んできた。青梅街道は蓄音機で「桃太郎」を流すこの出し物をひと目見ようと集まった人々であふれた。

これに発奮したのが商店会の役員たちだった。「おれたちも負けていられない」。緊急会議を開き、翌年から88軒の商店を5班に分けて、班ごとに仮装の山車を2台以上出すことを決めた。パレードのコースは本町の青果市場から田無小学校までの約2キロ。

翌53年、青梅街道に色とりどり電飾に彩られた山車が並び、夜空に花火が打ち上げられた。ボーイスカウトのブラスバンド、田無音頭を踊る浴衣姿の女性陣に続く個人の仮装行列はピエロの玉乗り、四谷怪談のお岩さん、一寸法師、鞍馬天狗など20組余り。続く商店各班の山車は童謡やおとぎ話がモチーフで、「浦島太郎」はセロハンの海藻で車の荷台を海中の竜宮城に仕立て、玉手箱を手に亀に乗る浦島太郎と魚に扮した子どもたちが見物人に手を振った。

近隣から3万人が押し寄せた町は大変な騒ぎだった。沿道の店は大入り満員。店舗2階に観覧席をつくり、報道関係者は屋根に上って取材した。NHKの人気ラジオ番組「話の泉」に出演中の石黒敬七・審査委員長が「これは関東一の仮装大会だ！」と感嘆の声を上げたことから、以後この仮装大会を「関東一」と称するようになる。ほかの商店会からの参加が増え、審査員には東映、日活、大映の俳優陣が並んだ。漫談家の徳川夢声や詩人のサトウハチローら著名人も無報酬で駆けつけた。

54年の最優秀賞は「シンデレラ姫」だった。とんがり屋根の白い城をしつらえたトラック荷台には2頭の白馬がひく金色の馬車と、シンデレラと天使ら10人の少女。翌日の新聞でその写真を見た西多摩郡瑞穂町から「舞台と衣装一式を貸してほしい」との申し入れがあり、瑞穂町の盆踊りを大いに盛り上げた。

映画「ゴジラ」人気にあやかって、体長12メートルの巨大ゴジラが登場した時は見物人の度肝を抜いた。歯車仕掛けで腕と脚を動かして、雄叫びとともに口から赤い煙を吐く。翌日の新聞見出しは「ゴジラ 田無に現れる」。こちらは町田市からお呼びがかかった。

新旧の住民をつなげる行事

仮装大会はなぜ異様なまでの盛り上がりを見せたのか。前沢さんは「何も楽しみもなかった戦後のことだった。人々の娯楽を求める姿は異常だった。長い間の軍国時代には心から楽しめる娯楽は皆無であったから、その喜びは庶民の心を爆発させたのだろう」と記す。

戦時中は歌舞音曲の自粛が求められ、敗戦後、人々はまだ貧しく娯楽という娯楽もなかった。仮装大会は地域の人々にとって日常から解放されて自由を満喫する絶好のイベントだったに違いない。

ガマの妖術を使う盗賊「自来也」が登場（田無商業協同組合提供）

一方、大石始著『盆踊りの戦後史』は、人口が急増する振興地域で盆踊りや夏祭りが旧住民と新住民との間の分断を埋める役割を担ったと指摘する。盆踊りは「地域の祭りに参加することができない新住民たちと古くからの旧住民が共同で運営する、あまりにもささやかな自分たちの祭りだった」。

とくに田無には東京都心のベッドタウンとして新住民の流入が続いた。総持寺の小峰立丸住職は「うちは〝盆踊りのお寺さん〟と言われるほど盆踊りは戦前から地域に根付いた催しでした。新しく移り住んできた人たちが地元の人たちとつながり、地域に親しみを持つ行事だったのでしょう」と話す。この指摘は盆踊りに伴って催された仮装大会にも当てはまるだろう。

お店がつぶれてしまう

仮装大会の山車は年々大掛かりになっていった。大会翌日から翌年の構想を練り、ひと月前から商売そっちのけで深夜まで製作に没頭する。本番前日は店や勤めを休んで最後の仕上げ。もはや素人の道楽では見物人は満足してくれない。各班は映画撮影所の大道具部屋に駆け込み、美術専門の看板屋に頼み込むなどして奮闘した。経費はかさばり、前沢さんの妻は「本当にお店がつぶれてしまうかと思った」。

大会を後援した毎日新聞社は大会当日、自社機を町上空に飛ばし、祝賀のチラシ5万枚をばらまいて前景気をあおった。数万人の人出に対して西武新宿線田無駅には臨時改札口が設けられ、警察、消防など約200人が警備に当たったった。当初、青梅街道は通行止めにしていたが、苦情が増えて1956年には一方通行になった。

急成長する日本経済と自動車の普及で、青梅街道は一時的にせよ交通規制が難しくなるほど交通量が激しくなった。ついに通行止めの許可が下りなくなり、仮装大会は8万人を集めた1960年の第12回大会を最後に幕を下ろした。

1980年代や2000年に入ってからも仮装大会を復活させる試みがあったが、かつての盛り上がりには及ばなかった。「関東一の仮装大会」は戦後から高度成長期という時代の熱気が生み出した地域イベントだった。

（片岡義博）

【主な参考資料】
・『田無市史 第三巻 通史編』
・前沢晋『田無町 関東一の仮装大会』（冊子）
・大石始『盆踊りの戦後史』（筑摩選書）

1950年

東村山文化園オープン

時代の変化にもまれた西武の観光開発

堤康次郎社長の精力的な地域開発

1950（昭和25）年、現在の「西武園ゆうえんち」の前身「東村山文化園」がオープンした。西武鉄道による観光、娯楽の一大拠点として、その後の時代の変化の波にもまれつつ進化を続けている。

現在の西武池袋線に当たる武蔵野鉄道の社長だった堤康次郎が戦後まもなく旧西武鉄道（現在の西武新宿線などに相当）を合併して、あらためて西武鉄道を名乗った。池袋、新宿を起点に東京23区北西部、北多摩郡を貫き埼玉県に至る営業地域はほぼ畑作地で、戦中や戦後の一時期は食糧増産の使命を負って、都内で出る糞尿を肥料用に運び、帰りに野菜作物を運搬する役割も担った。その他、セメント材料の石灰や建築資材の砂利運搬にも活躍し、純粋な通勤電車になるのはその後のことだった。

堤社長は戦前から乗客増を目指して沿線のさまざまな開発と施設誘致に積極的に乗り出し、その分野は広く住宅地、教育施設、遊興・観光施設などに及んだ。

そのうち遊園地経営では、戦後まもなく本格的な拡充・整備を手掛けた東京・練馬区の豊島園が代表的施設として挙げられる。旧練馬城址の広大な敷地に戦前建設され、池に向かって客を乗せたボートが斜面を滑り落ち、船頭が着水の瞬間に高く飛び上がるパフォーマンスを見せる「ウオーターシュート」や、大プールなどを備えた「東洋一の大遊園地」として知られていたが、堤は学童用のホテルなど数多くの施設を加えて充実を図り、さまざまなイベントも呼び込んで都内の一大娯楽施設となった。としまえん（豊島園から改称）はその後、東京都の大規模な防災公園整備や新たなテーマパーク建設の計画が出て２０２０年8月をもって閉園した。

西武園のおとぎ電車と多摩湖ホテル（西武鉄道提供）

ウオーターシュート、ユネスコ村に人気

村山、山口両貯水池は戦前から有数の東京近郊観光地だった。ここに目を付けた堤は一大遊園地の建設に乗り出した。村山貯水池に隣接する狭山丘陵には戦前、「修養団」という皇国思想に基づいた民間の教化・訓練施設があったが、敗戦による没落で１９４７年、現在の東村山市と埼玉県所沢市にまたがる約20万坪（66万平方メートル）という広大な土地が一括して西武に売却された。西武は村山貯水池を多摩湖、山口貯水池を狭山湖という通称名を前面に出して観光地らしさをアピールした。

　ここに「東村山文化園」が構想された。都民にリクリエーションの場を提供するとともに、「国際親善の基地」という当時の社会理念を反映させたものだった。多彩な娯楽、遊興施設が計画されたが、その目玉の一つは村山貯水池沿岸の村山ホテル改修だった。大岡昇平の小説『武蔵野夫人』のモデルとして有名になった同ホテルは荒廃していたが、大改装して50年、近代的な多摩湖ホテルとしてオープンした。しかし利用客が減少、建物も老朽化して61年に取り壊された。

遊園地にはウオーターシュートや飛行塔、おとぎ電車といった遊戯施設が設けられ人気を呼んだ。51年には隣接の所沢市に日本のユネスコ加盟を記念して「ユネスコ村」が建設された。世界約70カ国の建物を小さく再現したテーマパークのはしりのような施設で、遠足の小学生らがオランダの風車やトーテムポール前で記念撮影する姿がよく見られた。67年5月には浩宮（現天皇陛下）が学習院初等科の遠足で訪れた。

「東村山文化園」は51年9月、「西武園」と改称された。遊園地とユネスコ村の間の3・7キロは園内の遊戯施設から路線を延伸した軽便鉄道・山口線がつなぎ、引き続き「おとぎ電車」の名で親しまれSLも走った。おとぎ電車は85年、新交通システム導入に伴って路線変更され、廃止となった。

昭和レトロをテーマにリニューアル

ユネスコ村は１９９０（平成２）年休園となり、再開発によって新たに恐竜をテーマとした「ユネスコ村大恐竜探検館」が93年オープンした。映画「ジュラシック・パーク」で火が付いた恐竜ブームに乗って人気を博したが、次第に来館者数は落ち込み、２００６年営業を終えた。

西武による狭山丘陵開発はそのほかにも、室内スキー場（59年）、ゴルフ場（64年）、野球場（79年）と続いた。

遊園地では過去に遊戯施設の事故で死傷者が出たり、火災などのトラブルが発生したりしたこともあった。これらを教訓に安全最優先で運営しているという。

リニューアルした西武園ゆうえんちのイメージビジュアル
（TM & © TOHO CO., LTD.　©TEZUKA PRODUCTIONS）

「西武園ゆうえんち」は他の大規模テーマパークに太刀打ちが難しくなって１９８８年の約１９４万人をピークに集客力が落ち、２０１９年度には約38万人にまでなった。集客挽回を目指し約１００億円をかけて２０２１年５月、リニューアル。ユニバーサル・スタジオ・ジャパン（ＵＳＪ）の再建に実績を持つ森岡毅氏が率いる株式会社刀と協業して話題になった。目玉は昭和30年代の商店街をイメージした「夕日の丘商店街」で、レトロな約30の店舗が立ち並び、住人たちがライブパフォーマンスを繰り広げるなど昭和の活気、にぎわいを再現している。

ちょうどコロナ禍にぶつかってやや苦戦した面はあるが、西武鉄道広報部は「コンセプトは当たって、特に若年層から好評を得ている。今後もお客様の声を生かしてここにしかない体験価値を提供していく」と話している。（**飯岡志郎**）

【主な参考資料】
・野田正穂「西武鉄道と狭山丘陵開発」（「東村山市史研究」13号所収）
・広報誌「西武鉄道かわら版」（西武鉄道）

1952年

〝ロボット博士〟が保谷に研究所設立

昭和の子どもたちに夢を与えた相澤次郎さん

手塚治虫も運営に協力

生涯に800体以上のロボットを作り「ロボット博士」と呼ばれた相澤次郎さん（1903〜96年）が1952（昭和27）年、保谷町（現西東京市）に財団法人日本児童文化研究所を設立した。研究所から生み出された四角顔に丸い目の〝相澤ロボット〟は、1970年の大阪万博をはじめ科学展やイベントで人気を集め、草創期のロボットのイメージを決定づけるとともに昭和の子どもたちに未来への夢を与えた。

相澤さんとロボットの出会いは、1914（大正3）年、小学5年生の時だった。まだ「ロボット」という言葉すらなかった時代。1862年のロンドン万国博覧会に出展された人造人間「マシンボックス」の写真を新聞で見て心躍らせ、厚紙で自らも作ってみたという。

1931（昭和6）年には初の子ども向けロボット工作指南書『図解 人造人間の作り方』を著し、トランペットやバイオリン、ドラムなどの楽器を手にして演奏の動きを見せる「ロボット楽団」を製作して展覧会に出品した。34年には「ROBOT」「ロボット」の商標権を取得。戦後は都立工芸高校講師や安立電気（現アンリツ）の技師をしながら、上野動物園にロボットが運転する電車や、人が乗ることのできる電動のロボット象などを提供した。

1952年4月、「科学的玩具を通じ、児童福祉に貢献する」ことを目的に、保谷町に財団法人日本児童文化研究所（現国際医療福祉教育財団）を設立した。親交があった漫画家の手塚治虫さんやソニー創業者の井深大さんが運営に協力し、長男の研一さんらスタッフとともに子どもたちの好奇心と想像力を刺激する展示用のロボットや鉄道模型、科学ジオラマなどを送り出した。

西武新宿線東伏見駅の東側に自宅兼工房も構え、1959年に初の大型ロボット「一郎」（身長215センチ）を製作。以後「三郎」「五郎」「八郎」と次々に〝兄弟〟を生み出していった。相澤さんにとってロボットは「人間社会の善き協力者」であり、「自ら生み出した子ども」として「1体」や「1台」ではなく「1人」「2人」と数えたという。

イベントの人気者

写真を撮る、スタンプを押す、言葉を話す、絵を描く、すり足で歩く……さまざまな「特技」を持つ相澤ロボットは、1960～80年代初頭、都内の児童館や全国の遊園地、デパートで開かれたイベントや科学展で人気を集め、台湾や韓国で開催された大規模なロボット博にも登場した。

70年の日本万国博覧会（大阪万博）では、手塚治虫プロデュースのパビリオン「フジパン・ロボット館」にお目見えした。来場者にガイドする身長268センチの「EXPOくん」のほか、ポラロイドカメラで記念写真を撮る「太郎くん」と入場者に声をかけて一緒に写真に収まる「五郎くん」は会期中に6万5000人を撮影したという。

赤色や青色の角張ったボディー、アンテナのついた四角い頭部、ライトで表現した大きな丸い目といったユーモラスで親しみやすい姿は雑誌やテレビにもしばしば登場し、昭和におけるロボットのイメージを

「週刊少年キング」（少年画報社、1970年2月8日号）の表紙に登場した相澤さんとロボット（多摩六都科学館所蔵）

定着させた。

80年代に入ると、玩具メーカーが娯楽用ロボットを相次いで発売し、80歳を迎えた相澤さんは引退へ。生涯で大小合わせて800体以上のロボットを作ったとされるが、その多くは処分された。一方、大型ロボットの一部は相澤さんが幼少時代を過ごした北海道夕張市に1988年オープンした「ゆうばりロボット大科学館」に寄託展示された。

ロボット修復プロジェクト

2008年、ゆうばりロボット大科学館の閉館に伴って1950〜60年代に作られた相澤ロボット11体が日本児童文化研究所に里帰りした。ロボットは部品の劣化や故障で動かなくなっていたり、展示用に修理・改造されたりしていた。翌年、同研究所と神奈川工科大学（神奈川県厚木市）が共同でこの11体を修復するプロジェクトを立ち上げた。

ロボット内部には真空管など最近ではほとんど使われない部品が多数使われている。修復チームは、まずは大阪万博に出展された4体を可能な限りオリジナルの状態に戻して、2009年9月に富山市で開催された「ジャパンロボットフェスティバル2009 in TOYAMA」に出展した。

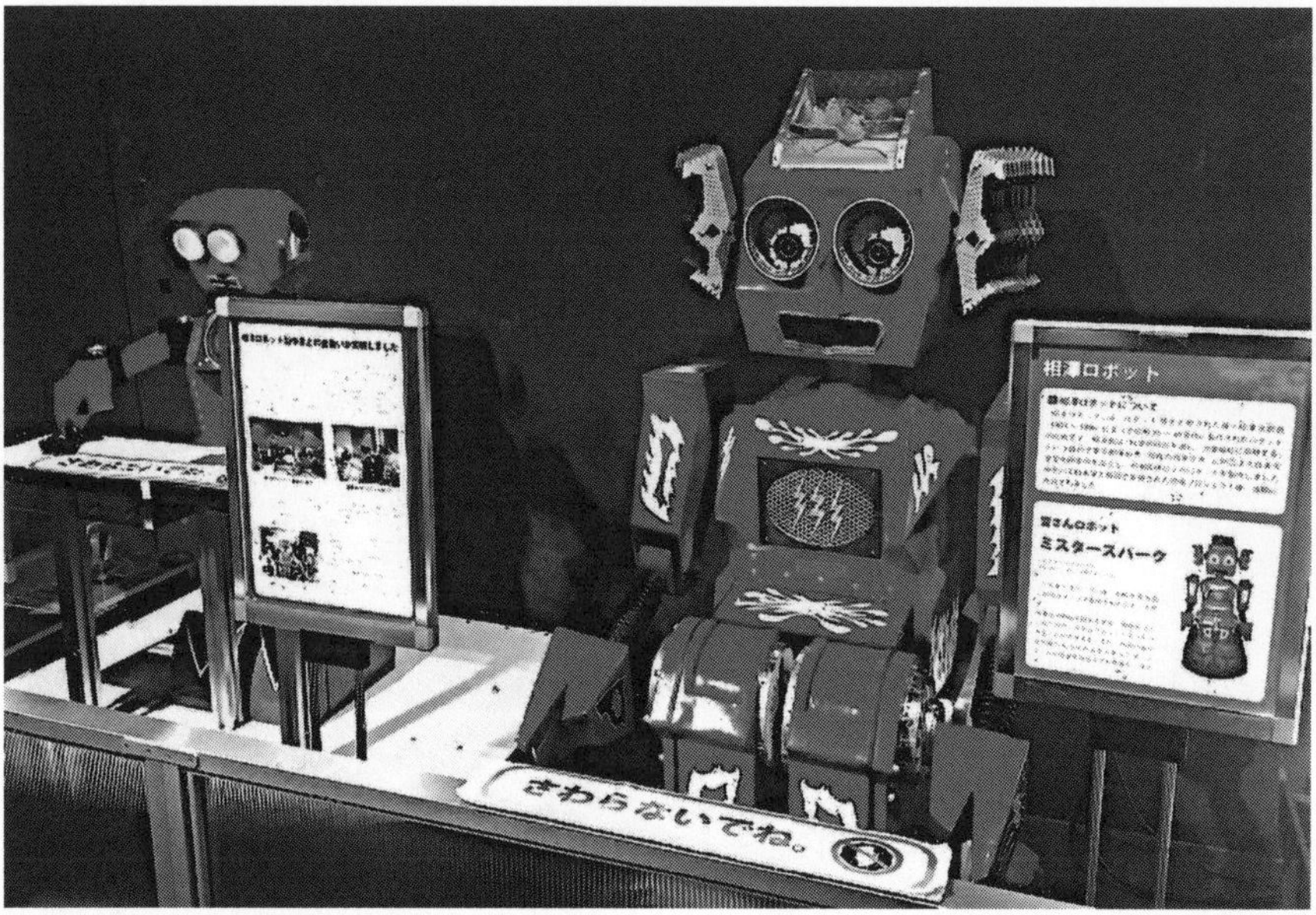

多摩六都科学館に常設展示されている相澤ロボット

さらに立ったり座ったりする１９６２年製作の「ミスタースパーク」（身長１８０センチ）と、お絵かきロボット「りょうくん」（身長１３５センチ）の2体は、相澤さんの地元にある多摩六都科学館（西東京市芝久保町）に預けられ、常設展示されている。

同科学館は冬の恒例イベント「ロクトロボットパーク」を開催し、ミスタースパークの稼働のほかダンスロボットのステージやロボットバトルなどの体験型展示を行っている。ロボットの総合プロデュースを手掛けるＭＡＮＯＩ企画代表の岡本正行さんの司会進行で、集まった親子にロボットの可能性と魅力を分かりやすく伝える。動く相澤ロボットを見ることができる唯一の機会だ。

岡本さんと相澤ロボットの出会いは5歳の時。白黒テレビで大阪万博の映像を見て心奪われた。「あの体験がなければ今の自分はなかったかも」と話す岡本さん。修復プロジェクトのリーダーとして相澤さんのアイデアと創意工夫、当時の職人たちの技術の高さに目をみはる。
２０２１年春には相澤さんの遺族から譲り受けた15体の「ロボット楽団」の修復をスタートさせた。「ＥＸＰＯ ２０２５ 大阪・関西万博」が始まる25年4月までの完成を目指す。「昭和の時代、相澤さんたちが僕の世代に夢とロマンを与えてくれたように、今度は僕らが相澤さんの思いを次の世代に引き継いでいきたい」

（**片岡義博**）

【主な参考資料】
・第1回　西東京市生まれの「相澤ロボット」（西東京市公式ホームページ）
・相澤ロボット&ダンスロボット ショータイム（多摩六都科学館公式ホームページ）
・ＭＡＮＯＩ企画／ロボットゆうえんちウエブサイト

1952年

東村山・正福寺地蔵堂が国宝再指定

地元の誇り、今も信仰と交流の場

わがふるさとの地蔵たち

北多摩の住民でも、東村山市に東京都内で唯一の国宝建造物があるのを知る人は少ないのではないか。西武新宿線東村山駅の西口から歩いて10分余り。家並みを抜けると正福寺が現れる。禅宗の古刹で臨済宗建長寺派の寺だ。境内に建つ地蔵堂は戦前から国宝だったが、戦後1952年に文化財保護法の国宝に再指定された。今も地元の誇りとして手厚く保護されるとともに、親しまれ、地域の絆としての役割を果たしている。

正福寺の建立は鎌倉中期の1278（弘安元）年と伝えられる。本堂は奥にあって、まず見えるのが地蔵堂だ。屋根の四隅が天に反っている独特の造形は壮麗で美しい。鎌倉時代に禅宗とともに唐から伝来した中世禅宗様の木造建築で和建築の技法も取り入れた貴重な遺構で、この地蔵堂が国宝だ。鎌倉にある国宝の円覚寺舎利殿とほぼ同じ姿をしている。本堂と地蔵堂の来歴は後ほど紹介したい。

筆者は小学5年生から東村山市の久米川町に住んでいる。小中学生のころはよく自転車で正福寺周辺にクワガタ捕りに出かけた。ジブリ映画『となりのトトロ』で有名になった八国山（映画では七国山）や多摩湖も近い。農家が点在するのどかなところだった。本堂は1986年に改築したが、当時は古い小さな

国宝の正福寺地蔵堂（1981年　撮影／飯島幸永）

お寺で地蔵堂も「変わった建物だな」と思っていた。ところが大学受験のときに日本史の参考書で国宝と知って驚いて久しぶりに行ってみた。

お堂の中におびただしい数の高さ20センチほどの木彫の地蔵があった。別名千体地蔵堂。当時は自由に中を拝観できた。お堂の壁面いっぱいに地蔵たちが並んでいて、守り本尊の仏像（高さ1・1メートルの地蔵菩薩立像）が鎮座していた。私のほかに拝観者はいなかった。

今は地蔵堂の中は年に3回しか入れない。6月の第2日曜日、8月8日、11月3日。この「文化の日」は地蔵祭りといって、にぎやかだ。私も2、3度行ったことがある。2022年11月、久々に行ってみた。

すごい人出だ。近所の人たちだろう、お店を出して綿菓子や焼きそばやてんぷらなどを売っていた。郷土史研究サークルの人たちが机を出して資料などを並べていて、正福寺の歴史を聞くことができた。郷土の名刹を愛する思いが伝わってきた。雅楽のイベントもあって、美しい装束の女性たちが笙《しょう》や篳篥《ひちりき》に合わせて古式豊かな「浦安の舞」を披露していた。

地蔵堂の内部が撮影できるのは地蔵祭りの時だけ。千体余りある地蔵は江戸時代に盛んになった地蔵信仰の流行に乗って先祖の供養や世の安寧を願って善男善女が奉納したという。地蔵たちは今では整然とガラスケースに収まっていた。

昭和になって価値「発見」

正福寺の開基には謎が多い。何度かの火災で創建時の文書はなく、江戸時代の資料から類推するしかない。それによると、創建したのは鎌倉幕府の八代執権、北条時宗との説が有力。鷹狩に来た時宗がこの地を気に入り、建立を発願したとの伝説が流布していたという。時宗の父の時頼が開祖との説もある。いずれにしろ武蔵国の、おそらく草深い村に正福寺は鎌倉の建長寺の末寺として建てられた由緒正しい禅寺なのだ。

地蔵堂の来歴ははっきりしている。正福寺を襲った1662（寛文2）年の大火で伽藍《がらん》のほぼすべてが焼失したが地蔵堂は焼け残り、創建時の姿をほぼとどめているとされるが、1933（昭和8）年から翌年にかけての解体・修理の際、墨書銘が見つかり、建立は室町初期の1407（応永14）年と判明した。正福寺は江戸後期ごろから由緒ある寺として知られていたが、奈良、京都や鎌倉の名刹と違って認知度は低かった。地蔵堂の価値も認識されていなかった。

その価値を「発見」したのが1927（昭和2）年の東京府史蹟保存物調査。寺社の歴史や文化財、建築などの専門家が詳細に調べた結果、鎌倉・円覚寺の舎利殿などと同様に禅宗様建築の数少ない建造物であると認められ、2年後の1929年に国宝に指定された。

禅宗様式の建築は中国、朝鮮半島で盛んに造られ、日本にも渡来したものの、飛鳥時代以降途絶えたとされる。鎌倉時代に禅宗の渡来とともに復活した、当時としてはモダンな様式である。唐様とも呼ばれる。素材は木が主役で瓦も土壁もない経済的でシステマチックな造り。屋根は入母屋造りで屋根の上層は柿葺《こけらぶ》き、下層屋根は板葺き。現在は上層に銅板が葺いてある。庇《ひさし》が深く、反った屋根を支える垂木が放射線状に広がっていて、伝統的な和建築の工法と唐様が折衷されている。

正福寺本堂地下でのコンサート
(2022 年 12 月 28 日　撮影／飯島幸永)

千体余りある地蔵のうち、奉納した人の名前と住所がわかる179体を見ると、今の住所でいう東村山、所沢、東大和、小平、国分寺、国立、清瀬、小金井、立川、武蔵村山など近在の主に農民が奉納したことが分かる。昔から北多摩地域の信仰の中心だったのだ。

幅広く親しめる場所に

2022年の年の瀬12月28日夜、正福寺本堂地下に設けられたスタジオにクラシックの調べが響いた。埼玉県所沢市にある防衛医大病院総合臨床部の教授・部長田中祐二さんが主宰する「和洋管弦のケミストリー　納会2022」だ。演奏するのは病院の医師、看護師をはじめとした腕に覚えのアマチュア音楽家たち。田中さんもチェロを弾きこなす。患者らを慰めようと15年から同病院で開いてきたコンサートがコロナ禍でできなくなり、21年に初めて同寺のスタジオで開催した。

正福寺にスタジオが設置されたのは20年。副住職の福原泰明さんによると、以前から物置のように使われていた地下の広いスペースを改装した。高級グランドピアノのほか、マリンバをはじめとする打楽器なども豊富に備えている。実は福原さんは英国への音楽留学経験を持つプロの打楽器奏者で、スタジオ内で定期的にリサイタルも開いている。予想以上に反響が大きく、今後は一般の演奏機会も広げていきたいという。

この夜のコンサートでベートーベンからアニメソング、バレエまで多彩なプログラムが演じられると大きな拍手がわき、福原さんもマリンバ、ビブラフォン演奏を披露して約40人の客を魅了した。

福原さんは「最近は葬儀も葬祭場で行うし、皆さんが寺を訪れる機会が少ないと思う。単なる宗教施設を超えて、国宝建築物を見学する人も音楽好きな人も気軽に訪れ、幅広く親しめる場所にしたい」と抱負を語った。

（中沢義則）

【主な参考資料】

・図録「正福寺展―国宝・地蔵堂建立600周年記念―」（東村山ふるさと歴史館）

1953年

米軍輸送機、小平に墜落

戦場に向かう米兵129人犠牲

住民、メディアを排除

上空から見た米軍輸送機の墜落現場（小平市立図書館所蔵）

1953（昭和28）年6月18日、米軍の輸送機C124グローブマスターが小平町（現小平市）小川のスイカや麦を栽培していた農地に墜落、炎上し、乗っていた乗員と米兵計129人全員が死亡した。当時としては史上最悪の航空機事故となった。米空軍立川基地（現自衛隊立川飛行場）を午後4時31分に離陸した直後で、墜落現場は基地の北東数キロの地点だった。朝鮮戦争に従軍し、休暇中の日本から前線に戻る途中の陸軍と空軍の兵士が多く含まれていた。左側エンジンの故障が原因とされた。

農地で作業していた35歳の男性1人がやけどを負ったほか、農作業小屋が壊れたり、その後農地がしばらくの期間使えなくなったりの被害が出た。墜落現場には警察、消防、地元の関係者らが駆け付けたが、立川基地、横田基地から来た武装米兵が現場を封鎖して処理に当たり、遺体や機体の破片は立川基地に搬送された。米軍は周囲2キロにわたり立ち入り禁止とし、住民を追い払い、メディアの取材も強圧的に排除した。

米軍の処理作業で地元の民家や敷地、施設のほか、農作物にも被害が生じた。小川地区の住民は損害賠償を要求したが、約229万円の請求に対し、政府が応じたのは3分の1ほどの85万円だった。53年8月4日、住民によって事故現場で米兵の慰霊祭が営まれた。また一時、「犠牲者追悼之標」がたてられたという。

基地反対運動に火

この事故は米軍基地反対の運動に火をつけた。現場に近い津田塾大学の学生自治会は「平和の危機と朝鮮戦争の残酷さ、そしてその朝鮮戦争とこの三多摩が直結していることが、この事件によって正に自分達のものとして身近に痛いほど感じられたのです。日夜夜毎爆音に悩まされ、あのような惨事の恐怖に晒されている私達三多摩の学生として今こそ手をとり合って平和を守る運動に立ち上がろうではありませんか」とのアピールを発表した。

この時期の米軍機による事故はこれだけではなかった。1950年、朝鮮戦争が始まって間もなく、昭和町（現昭島市）の住宅付近に小型機が墜落、同じ年の8月にはB29が南多摩郡日野町（現日野市）の山中に墜落した。51年11月には立川基地離陸に失敗したB29が住宅地に墜落し民家を全焼したほか100戸以上に被害を与えた。さらに52年2月、横田基地のB29が埼玉県入間郡金子村（現入間市）に墜落し17人が死亡、民家13棟が全焼した。

3年後の55年5月には立川基地拡張に反対する、いわゆる砂川闘争が起きる。「心に杭は打たれない」

墜落現場跡にたつ「平和の碑」

が合言葉となったことに表される、土地を死守しようとする住民運動と革新勢力の平和運動が結びつき、学生を先頭とした実力闘争が盛り上がり、全国を代表する反基地の闘いとなった。小平町内でも米軍関係の交通事故などが相次いだこともあって、反基地・反戦の声が高まった。小平町議会は61年9月、米ソに対する核実験禁止要望案を決議し、両国首脳に送付した。

薄れる記憶

小平市の墜落現場跡は現在、自動車教習所、住宅地、小公園、わずかに残る畑としてきれいに整備され当時の面影はない。事故を記憶している住民も数少なくなっていることだろう。小公園の一角に２０２１年３月「平和の碑」がたてられ、悲惨な事故の現場であることを示している。

元米軍立川基地北側で、滑走路の延長上にある立川市砂川町の「砂川学習館」には砂川闘争の資料が展示されている。展示を見に来た近くに住む80代の女性に話を聴いた。「小平に米軍機が落ちた大惨事？　昭和28年といえば18歳ぐらいだったけど覚えてないなあ。当時は昼となく夜となく飛行機がブンブン飛んで、うるさいし怖かった。砂川闘争？　それはもちろんはっきり覚えてますよ」

（飯岡志郎）

【主な参考資料】
・『小平市史　近現代編』
・三田鶴吉『立川飛行場物語』（けやき出版）

1954年

都立小金井公園が開園

刻まれた戦争の歴史

小金井公園「いこいの広場」

「防空緑地」としての役割

1954（昭和29）年、都立小金井公園が開園した。小金井市を中心に一部が小平市、西東京市、武蔵野市にまたがる面積約80ヘクタール（日比谷公園の4・8倍）に及ぶ都内最大の都立公園だ。公園の北側にはゴルフ場「小金井カントリー倶楽部」が広がり、南には東西2キロ近くにわたって玉川上水が流れる。園内は広々とした草地を雑木林が取り囲み、各種スポーツ施設やレクリエーション施設が設けられ、長く市民の憩いの場となっている。だがその歴史には先の大戦の跡が深く刻まれている。

前身は「小金井大緑地」と呼ばれ、史上最大の都市計画「東京緑地計画」を基に紀元二千六百年記念事業の一環として1940（昭和15）年に計画された。日中戦争のさなかにあった当時、大緑地は戦争による空襲に備える「防空緑地」としての役割を担うことになった。

計画区域の多くは農地で、「挙国一致」のスローガンのもと、土地所有者は東京府による買収に応じることを余儀なくされ、学徒動員による勤労報国隊が整地・造成作業を担った。

緑地西側には、皇居前広場で開催された紀元二千六百年記念式典の式場として設営された寝殿造りの「光華殿」が移築され、それを中核として約30ヘクタールの敷地は、文部省直轄の養成機関「国民錬成所」として教員たちの思想と精神の統制が図られた。戦局の悪化に伴い食糧事情がひっ迫すると、緑地東側は再び農地に転用され、近隣農家などが食糧増産に尽くすことになった。

皇太子の学問所に

敗戦後の1946年、空襲により焼失した学習院中等科の分校が移転し、光華殿と周辺の建築物が校舎や学生寮に転用された。皇太子（現・上皇陛下）が住まう予定だった東宮仮御所も焼失したため、中等科のそばに御仮寓所《ごかぐうしょ》が設けられた。

12歳だった皇太子はここで3年半を過ごし、勉学にいそしむとともに乗馬やテニス、弓などに親しんだ。このとき着任した米国人家庭教師のヴァイニング夫人は光華殿の一室に住み、皇太子に英語の個人授業を行った。しかし御仮寓所は49年、失火によって焼失した。

一方、農地転用された耕作地はＧＨＱ（連合国軍最高司令官総司令部）による農地改革の対象になって耕作者たちに払い下げられ、その結果、緑地の4割以上が失われることになった。農耕地は上野動物園の動物飼料や戦災復興の苗木を栽培する農場に切り替えられた。小金井公園開園当初の敷地面積は8・6ヘクタールと現在の9分の1ほど。東京都は1957年から失った土地の再買収にかかり、公園整備計画を長く続けていくことになる。

「江戸東京たてもの園」開園

１９５４年の開園時、井の頭恩賜公園にあった武蔵野博物館を光華殿に移し、古代から近世の文化財を展示する「武蔵野郷土館」として開館した。93年には都立江戸東京博物館の分館として、武蔵野郷土館を拡充する形で「江戸東京たてもの園」が開園した。

スイカをかたどった石がはめ込まれた記念碑
「皇太子殿下御勉学の地」

江戸時代の藁ぶき農家、宇和島藩伊達家の屋敷門、大正時代のモダン建築、二・二六事件の現場になった高橋是清邸のほか、昭和初期の商店街など30棟の建造物を移築・復元・展示している。光華殿はビジターセンターとして利用することになった。

たてもの園内には「皇太子殿下御仮寓所跡」と「皇太子殿下御勉学の地」と記された石碑がある。後者の碑にはスイカをかたどった石がはめ込まれている。当時、皇太子が栽培した小金井産の新種スイカ「新都」だ。採れたての野菜を持参したという地元農民とのふれあいを伝える記念碑でもある。

２０１６年５月、当時の天皇、皇后両陛下（現・上皇陛下、上皇后陛下）が小金井公園を訪問した。御仮寓所に移り住んでから70年が経ち、両陛下が「久しぶりに訪ねたい」と望んだという。御仮寓所跡地に寄ったのち、２人は武蔵野の面影を残す新緑の雑木林を散策された。

クヌギ、コナラ、アカマツ、ヒノキ、ユリノキ、ハクウンボク、シマサルスベリ……1万5千本もの多種多様な木々が四季折々の姿を見せる。開園時には玉川上水の名勝「小金井桜」（ヤマザクラ）に代わる名所となるよう緑地全体に桜が植樹された。春には梅林の白梅・紅梅に続いて約50種、千数百本の桜が咲き誇る。

公園の広場は大雨の際、雨水が石神井川に大量に流れ込まないよう水を貯めて池のようになる。雨が止むと、水は少しずつ石神井川に流れ込んで池はなくなる。公園は「見えない貯水池」というわけだ。かつての「防空緑地」は現在、「防災緑地」として住民の安全を守っている。

（**片岡義博**）

【主な参考資料】

・北村信正ほか『小金井公園』（東京都公園協会）
・細岡晃「都立小金井公園の今と昔」（たましん地域文化財団『多摩のあゆみ』第149号所収）

1955年

原子核研究所が田無に開設
ノーベル賞受賞者を輩出した先端施設

「原子」「核」アレルギー

1955（昭和30）年、田無町（現西東京市）の東京大学農学部付属農場の一角に日本初の原子核研究施設「東京大学原子核研究所」（核研）が開設された。以後、40年以上にわたり全国の研究者たちに開かれた原子核物理学の拠点として、4人のノーベル賞受賞者をはじめ数々の才能を輩出することになる。現在、素粒子実験の最先端を担っている日本の研究組織の源流には、この核研がある。

敗戦後、GHQ（連合国軍最高司令官総司令部）は日本に原子エネルギーに関する研究を禁じ、原爆の研究開発を進めていた東京の理化学研究所と京都大学、大阪大学にあった計4基のサイクロトロン（物理学の基礎研究に使う円形加速器）を東京湾と大阪湾に投棄した。

停滞した原子核研究を再興するべく、物理学者の朝永振一郎を委員長とする日本学術会議・原子核特別委員会は、原子核・素粒子・宇宙線研究のための巨大加速器を持つ施設の建設に動いた。1954年7月、田無町での研究施設建設が公表された。

同じ年の3月、太平洋マーシャル諸島沖のビキニ環礁で米国の水爆実験によってマグロ漁船の乗組員全23人が「死の灰」を浴びる「第五福竜丸事件」が起きたばかりだった。半年後、無線長が急性放射能症で死去。全国に原水爆禁止運動が広がり、国民の間には「原子」や「核」という言葉に対する恐怖と憎悪が渦巻いていた。

田無町議会はすぐに研究所建設反対の決議をして東京大学に要請書を提出し、住民も反対組織を設立して署名を集めた。主な反対理由は「研究の軍事転用」と「放射能被害の危険性」だった。敗戦から9年、いまだ食うや食わずの暮らしを続けている住民にとって、将来役に立つかどうかもわからない施設に10億円もの巨費を投じることへの反発は根強かった。

当時の核研（『東京大学原子核研究所創立 40 周年記念資料集』表紙より）

のちに核研初代所長となる菊池正士や朝永は半年以上にわたって田無に赴き、町議会や役場、町民に説明を繰り返した。「施設は純粋に学問の研究のためであり、エネルギー利用のためではない」「政府の圧力などで原子力が兵器研究に移行する恐れが出てきたら職を賭して闘う」「放射能などによって町民に危険を及ぼすことは絶対にない」――。

話し合いは時に深夜に及んだ。次第に反対の声は小さくなり、なし崩し的に建設が開始されると、町議会の反対特別委員会は核研を監視する委員会へと性格を変えていった。

ノーベル賞受賞者を輩出

核研の特長の一つは、全国の研究者が利用できる「全国共同利用研究所」という点にあった。この新しい体制は大学の研究室ご

1962年に完成した電子シンクロトロン
（『核研二十年史』より）

とに実験が進められていた当時としては画期的だった。研究者の自主的運営、各大学との人事交流とともに自由闊達な研究環境を育み、その後の共同利用研究所や国立共同利用機関の先駆となった。

世界最先端の性能をもつ加速器サイクロトロンと電子シンクロトロンが建設されたことによって、全国から若き研究者が田無に集まった。平均年齢は30歳前後。湯川秀樹がその存在を予言したパイ中間子の生成に日本で初めて成功するなど、原子核、素粒子、宇宙線物理学、物質構造科学の優れた研究成果が核研で次々に生まれた。

量子電磁力学の発展に寄与した朝永や超新星爆発に伴うニュートリノを検出した小柴昌俊、素粒子物理学の画期的理論を開拓した益川敏英、ニュートリノの振動とその質量を発見した梶田隆章ら4人のノーベル物理学賞受賞者をはじめ、世界で活躍する才能を多数輩出した。元文部大臣の有馬朗人や脱原発運動を牽引した高木仁三郎も在籍した。

核研の名は国際的に知られるようになり、世界的な科学者が頻繁に来訪した。その中には原爆製造のための「マンハッタン計画」を主導し、のちに深い後悔とともに反核の立場を取ったR・オッペンハイマーもいた。

跡地は「いこいの森公園」に

1980年5月、核研で放射能汚染事故が発生した。所外の研究者グループの実験操作ミスによって、放射性同位元素で超ウラン元素のカリフォルニウムの汚染に気づかないまま汚染した紙類をごみ焼却場で燃やしてしまった。関係者の被爆や研究所外への影響はなかったが、新聞一面には「住宅地の中のズサン実験」「問われる管理体制」といった見出しがおどった。

1997年、核研は文部省高エネルギー物理学研究所、東京大学理学部附属中間子科学研究センターと改組統合して高エネルギー加速器研究機構（KEK）となった。田無での研究活動は続いたが、2001年に研究施設は茨城県つくば市に移転し、跡地は保谷市と田無市の合併による西東京市誕生を記念して「西東京いこいの森公園」として再生した。

その一角に据えられた記念碑には「戦後の基礎科学の復興と近代化に果した核研の功績は大きく、その名はわが国近代科学史に燦然と輝いている」と刻まれている。

（**片岡義博**）

【主な参考資料】
・東京大学原子核研究所編『核研二十年史』
・東京大学原子核研究所編『東京大学核原子力研究所創立40周年記念資料集』
・『田無市史 第三巻 通史編』
・『東大原子核研究所とは何か?』（田無市民会議発行）

１９５８年
地域紙「週刊東興通信」の創刊
ローカルメディアの草分け

出発は上映映画の案内

現在の西東京市を中心とする周辺地域の話題やニュースを伝える地域紙「週刊東興通信」が１９５８（昭和33）年10月に創刊された。地域情報誌、タウン紙、コミュニティー・ペーパーなど呼び方はさまざまだが、東興通信は戦後におけるローカルメディアの草分け的な存在といえる。創刊から半世紀にわたって地域に密着した情報を伝え続け、地元に親しまれた。

発行したのは田無町（現西東京市）にあった映画館「田無銀映」「田無東映」「田無文化」の館主、酒井平太郎さんだった。創刊した１９５８年、映画産業は観客動員数でピークを迎えていた。映画館の上映作品を効果的に宣伝する媒体として、タブロイド判２ページの無料地域紙を毎週水曜に発行した。

１面には「田無町で国民健康保険を実施」「ひばりが丘団地で入居者募集」といった地元情報、２面には３つの映画館の上映作品の案内を載せた。「東興通信」という名称は奥多摩出身の酒井さんが「東で興す」との意味を込めたとされるが、定かではない。

ひばりが丘団地が１９５９年に建設されるなど、近隣は都心のベッドタウンとして人口流入が急速に進んだ。東興通信は地元情報を求める新住民と、集客を求める商店街双方の需要に応えたが、テレビの普及による映画産業の斜陽化に伴って映画館は相次ぎ閉館を余儀なくされる。

71年に経営を引き継いだのが、同紙で記事を書いていた産経新聞記者の菊地洋一さんだった。菊池さんは記者経験を生かして、4ページで地元の話題やニュースを伝える紙面作りの基礎を築いた。しかし80年代に入ると、バブル景気によって広告市場が拡大し、とりわけ求人向けの広告媒体が次々に参入したことで経営不振に陥った。

87年、倒産寸前の経営を託されたのは、ライターとして東興通信や他の活字媒体で執筆していた小林史明さんだった。3代目社長として取材、執筆、営業に日夜奔走して、配布エリアを西東京全域と東久留米、小平、新座の一部に拡大し、4万3000部だった部数を10万部にまで増やすことに成功した。

虫の視点で市井を見る

編集方針は、崩れゆく家族や地域共同体の再生に向けて▽つなぐ（地域の人と人を結ぶ）▽伝える（過去を見直し次世代に伝える）▽進める（街づくりの諸課題に取り組む）の3本柱。例えば2003年8月

週刊東興通信

"私たちの町って何"をテーマに300円講座

西東京歴史学会が発足

「歴史共有し、市民間に共通意識を」

戦争を語り継ぐ

平和イベント各所で

講座開き本格稼働へ

週刊東興通信の第１面（西東京市図書館所蔵）

6日の1面には「西東京歴史学会が発足　『歴史共有し、市民間に共通意識を』」「戦争を語り継ぐ　平和イベント各所で」という見出しの記事が並ぶ。

「市民記者の発言」欄は読者参加による双方向の紙面作りを狙い、市民の立場から町の話題や身近な社会問題を継続的に提供してもらった。一つのテーマの賛成派に反対派の質問をぶつける討論型のインタビュー欄も設けた。

読者からはさまざまな相談や問い合わせが寄せられた。「おいしいレストランを知らないか」「現在の文部大臣の名前を教えて」「セブンイレブンはなぜセブンイレブンというのか」。行方不明になった飼い犬を紙上で探してくれと主婦が頼みに来たり、散歩途中の老人が雑談のため立ち寄ったり。お嫁さん探しを頼まれたこともあった。さながら街のよろず相談所だ。

「市井の多種多様な人々が出入りし、日々いろいろなことが起こる。これはテレビドラマになると思った」と小林さんは振り返る。そんな取材の裏話、身辺雑事、時事問題の論評をつづった小林さんのコラム「きのう・きょう・あす」は読者の人気を得て、のちに書籍化された。

小林さんは「街を空高くから俯瞰する鳥の視点だけでは、個々の多様性を捨てて複眼的な見方を失っていく危険性がある」と話す。「地面を這って草々を掻き分ける虫の視点で市井の人々の営みを丁寧に観察する。そこから問題の本質や普遍性を探っていくことが地域紙の役割だと思う」

歴史を記録し伝えていく

90年代に入って小林さんは名古屋の家業の経営を引き継がざるを得なくなり、製造業と地域紙の経営を兼任して東京と名古屋を行き来する日々が続いた。長引く不況で求人広告が激減。大手量販店やチェーン店の参入によって東興通信を支える広告主の個人商店は力を奪われていく。

紙媒体からの読者離れが進み、新聞折り込みで発行する東興通信も経営的に追い込まれた。電子編集システムの導入や紙面のカラー化、イベント情報の有料化など経営改善に努めたが、編集部員の辞職が引き金となり、２００８年９月24日号を最終号として休刊した。それに伴って併設の不動産業も廃業した。

同紙で編集部員を７年務めた谷隆一さんが同年10月に創刊したのが週刊「タウン通信」だ。印刷所や広告主、配布先も東興通信を踏襲する形での出発だった。東興通信の休刊には手紙や電話で多くの読者から感謝や惜しむ声、お叱りの声が寄せられた。

驚いたのは「町の問題点をちゃんと伝える媒体がなくてはいけない」という声の大きさだった。「市政

週刊東興通信
さよなら、東興通信
生活の中で生きていた
また会う日まで…読者の声
七五三詣
西東京市東伏見鎮座（青梅街道）
東伏見稲荷神社
「送る想いを大切に」
田中葬祭
24時間受付　年中無休　駐車場完備
電話042(461)1156(代)

週刊東興通信の最終号（2008 年 9 月 24 日号）＝
西東京市図書館所蔵

を始めとした堅苦しい内容は疎まれているのかと思っていましたが、実際には多くの方がまじめに地域のことを見つめ、知ろうとしていました」（「創刊のあいさつ」）。

しかし紙媒体の衰退は著しく、とりわけ若い世代はインターネットから情報を得てＳＮＳで情報を発信する。生き残りをかけた地域紙の模索は続く。

東興通信の経験を通じて、小林さんは歴史を記録し、伝えていくことの大切さを学んだという。喜寿を超えても書き継いでいるブログでコラム「きのう・きょう・あす」にこう記した。

「生き証人が絶えても、残された記録を見よう、聞こうとする気持ちがあれば、後世の関心が絶えることはない。問題は、語る側でなく見る側、聞く側にある。（略）ちょっとしたきっかけさえあれば、人間の愚かな歴史に気づき、中には過ちを繰り返さない道を探し始めてくれる人もいるだろう」

（片岡義博）

【主な参考資料】

・小林史明『一隅にも五分の魂』（東興通信社）
・小林史明『虫瞰の風景』（東興通信社）
・「週刊東興通信」バックナンバー
・「きのう・きょう・あす」（「小林史明のメッセージ・ブログ」）

1958年

石神井川の氾濫

都市化が招いた〝暴れ川〟の水害

勤めを休んで警戒

1958（昭和33）年9月に神奈川県から上陸した台風22号は東京周辺で気象庁の観測始まって以来の豪雨を記録し、静岡県伊豆地方と関東地方に甚大な被害をもたらした。伊豆半島の狩野川流域の水害が甚大だったため「狩野川台風」と名付けられたこの台風は、小平を水源にして田無を貫通する石神井川流域にも豪雨をもたらした。水が乏しい武蔵野台地における水害は以後増え続け、〝暴れ川〟は流域住民を苦しめるようになる。

狩野川台風は練馬区、板橋区に甚大な水害をもたらしたが、石神井川、白子川、新川流域の保谷町（現西東京市）でも床上浸水160戸、床下浸水232戸という被害が出た。被災住宅地の多くは、河川沿岸の谷底か窪地の低所得者向け公営住宅か木造低層住宅群だった。

役場は職員を動員して胸まで水に浸かって老人や子どもを連れ出し、近くの小学校に避難させた。5日を経てもなかなか水位が下がらない事態に、町は消防団員ら約100人、自衛隊員約250人を動員して延長800メートルの排水路を緊急掘削し、推定20万トンの濁水を白子川に排した。

田無で大きな被害が出るのは1966年6月の台風4号からだった。以後、水害は毎年のように発生す

石神井川の氾濫による冠水（1965 年、旧田無町）
＝西東京市図書館所蔵

る。田無・保谷石神井川対策協議会の調べでは、田無・保谷両地域の氾濫件数は１９６６～70年までは年間２件程度だったが、71～72年には４件、73年は８件、74年には14件と急増している。

水害が頻発した地域に住む88歳の男性は「昔は川幅が狭くて底も浅かったから、ちょっと降るとすぐに水があふれた。大雨の夜は安心して眠れない。『あふれなければいいな』と思って寝返りを打ったらバチャッ。『あふれ床上浸水。下水が流れ込んでいたから臭いもひどかった」と話す。

特に低地に建つ都営住宅の12世帯では、普段から家具の下にコンクリートブロックや木材を入れてかさ上げし、降雨シーズンになると、あらかじめ１階の畳を取り外して出水に備えた。大雨が降りそうな日は勤めを休んで警戒したという。

１９７６年９月の台風17号が全国にもたらした未曽有の大雨は、田無市で１時間に65ミリを記録し、被害は床上浸水１８００戸、床下浸水１３９８戸に達した。当時の新聞が被害住民の生々しい声を伝えている。「土砂降りの雨音に混じってざわざわと聞こえる気味の悪い水音で眠りを破られた。……気がついたら玄関が浸水していた。戸を開けると道路が見えず、

川みたいに水がごうごう流れていた」（9月9日付け読売新聞）

台風のつど、市の消防団員や職員が多数駆り出され、土のう作りや住民対応に振り回された。被害地域では自衛のための土盛りや住宅改築が原因で近隣とのトラブルが相次いだという。

「都市水害」を起こす代表的河川

もちろん以前にも集中豪雨による氾濫はあり、石神井川は戦前から〝暴れ川〟と呼ばれたが、大きな被害には結びつかなかった。畑や雑木林を浸した雨水は徐々に川に流れ込み、しみ込んで地下水になった。そもそも氾濫時に冠水するような谷筋の低地に人は住まなかった。

ところが高度経済成長期、石神井川流域は急速に都市化が進む。1955～61年、10カ所に都営住宅が建ち、60年代半ばには流域の8割が市街化された。畑や雑木林が宅地や工場、学校、舗装道路に整備されると雨がしみ込みにくくなる。その分、排水溝や下水道、河川に流れ込む水量と速度が増し、水害が起きやすくなった。かつて東京で洪水といえば下町地区だったが、都市化によって武蔵野台地のような高台にも頻繁に洪水に見舞われる地帯が出るようになった。

例えば1966年の台風4号の田無の降水量は258ミリと58年の狩野川台風の339ミリの約4分の3だったが、最大流量は狩野川台風時を3％上回った。氾濫までの時間は、狩野川台風時は約8時間かかったが、台風4号の時は約2時間と極端に短くなった。

最大流量の増加と急激な出水は、それまで安全だった宅地が洪水の危険にさらされることを意味した。もともと人が住まなかった低地が地価の高騰や住宅難によって居住地域になったことも被害を拡大させた。農地の宅地への転用は水害を受けやすい低地から進んでいった。

谷底の低地は元来、洪水時に遊水池の役割を果たしていたが、宅地造成のための盛り土は雨水を地下に浸透しにくくし、雨水を吸い込む地面の面積を大幅に減らした。さらに下水管の設置によって大雨時は急速に川の水位が上がり、たちまち下水が逆流してマンホールからあふれ出た。

こうした都市化による水害は「都市水害」と呼ばれ、神田川、野川、善福寺川、妙正寺川、目黒川など武蔵野台地を流れる川で増えていくが、石神井川はその代表的河川だった。

改修前の石神井川は川幅が狭く浅かった（1960 年、旧田無町）＝西東京市図書館所蔵

異常気象による集中豪雨

狩野川台風をきっかけに東京都は１９５９年に石神井川の河川改修工事を始めた。川幅を拡張し、川床を掘り下げ、護岸を整備した。しかし北区、板橋区など下流域から着手した工事は上流の田無・保谷地域にはなかなか及ばなかった。繰り返される被害に改修を急ぐよう陳情を繰り返してきた流域住民は76年の台風後、「被害の責任は対策を怠った都にある」と抗議集会を開き、損害賠償の訴えも辞さない姿勢さえ示した。

改修工事によって西東京市に大規模な被害が出なくなったのは１９８０年代に入ってからだ。当初１時間30ミリの降雨に対応できる改修対策は１時間50ミリに変更され、河川改修と並行して市内には３カ所の調整池が設けられた。

しかし近年、異常気象による1時間100ミリを超える集中豪雨が相次いでいる。都は1時間75ミリの降雨を想定するよう長期目標の水準を引き上げ、下水道との連携、運動場や公園緑地などへの貯留施設、浸透施設の設置といった水害対策を進めている。

線状降水帯による集中豪雨が毎年のように各地で被害をもたらすなど地球規模の気候変動によって想定を超える水害が生じている。既成の水害対策は更新を迫られている。

（**片岡義博**）

【主な参考資料】

・『保谷市史 通史編3 近現代』
・『田無市史 第三巻 通史編』
・鈴木理生『江戸の川　東京の川』（井上書院）
・宮田正「石神井川流域の都市化と水害」（農林水産省 農林水産技術会議事務局筑波産学連携支援センター）

1960年

皇太子夫妻がひばりが丘団地を視察

新時代の団地生活にお墨付き

「ひばりが丘団地」の誕生

皇太子夫妻の視察の模様（西東京市図書館所蔵）

1960（昭和35）年9月6日、当時の皇太子夫妻が「ひばりが丘団地」を視察に訪れた。これはこの地域にとっても、日本の戦後史においても象徴的な出来事だった。「ひばりが丘」の名を知らない人にこの地を説明するとき、「いまの上皇が皇太子時代、美智子さんと訪問した団地があったでしょ、その団地があるところです」と言うと、ある年齢以上の人なら、だいたい「ああ、あそこ」ということになる。それくらいのインパクトがあったということだ。

戦後の復興と経済成長にともなう住宅不足を解消するため、1955年に日本住宅公団（現都市再生機構）が発足した。公団は東京や大阪の郊外に次々とコンクリート製の大規模な集合住宅を建設していった。58年には団地に住む人が100万人を突破し、

「団地族」という言葉が流行語となっている。

東京から埼玉にいたる郊外を走る西武鉄道沿線には、50年代末に集中的に公団の団地が建てられた。「東伏見団地」（558戸）、「柳沢団地」（512戸）、「久米川団地」（986戸）、「新所沢団地」（2455戸）で、その代表が「ひばりが丘団地」（2714戸）である。

ひばりが丘団地は、当時の北多摩郡保谷町、田無町（どちらも現西東京市）、久留米町（現東久留米市）にまたがっている。中島航空金属田無製造所の一部の跡地を利用して、58年6月から建設が始まり、59～60年にかけて2714世帯が入居、1万人を超す人が住むこととなった。当時日本最大の規模と最高の環境と内容を誇ると喧伝され、外国人の関心も集め、多くの大使などが訪れたようだ。

団地の誕生と時を同じくして、「ひばりヶ丘」という名前の駅が誕生した。それまで保谷町にあるのに、田無の有力者らによる要請で「田無町」という名前だったこの駅は、59年5月に「ひばりヶ丘」と改称されている。

憧れの団地生活と理想の家族

住宅難解消のための団地とはいっても、初期の団地に入居できたのは経済的に恵まれた人だったという。高学歴、ホワイトカラー、「新中間階級」と呼ばれた人びとが多数だった。テレビなど家電の普及率も高い。ダイニングキッチンや浴室があり、トイレも水洗。

こうした近代的な住居に、核家族が住む。団地は、それまでのアパートや貸家とは違った、新しい時代の暮らしを提供する場所であり、時代の先端をいく憧れの対象だったということができる。

そうした場所を、これまた憧れの対象、あるいは理想の夫婦像のような皇太子夫妻が「見学」する。皇

現在も保存されているひばりが丘団地時代の建物、通称「スターハウス」。
皇太子夫妻が訪問した際ベランダに出たが、そのベランダがここに移築保存されている

太子夫妻のひばりが丘団地訪問は、新時代の生活に〝お墨付き〟を与える象徴的な役割を果たしたといえるだろう。

このとき日本社会は、すでに高度経済成長期を迎えていた。都市周辺の住宅需要のさらなる増加に応えて団地は増えていく。ひばりが丘団地の近隣でいえば、62年に「東久留米団地」（2280戸）が、さらに68〜70年に「滝山団地」（3180戸）ができた。団地を抱える北多摩郡久留米町は70年に日本一大きい「町」になり、同年10月、東久留米「市」となった。

集合住宅のトレンドは、71年の多摩ニュータウン約11万戸のように、急激に大型化していく。比較的大きい東久留米の滝山団地は、ニュータウン路線のさきがけだったということができる。

西武線沿線に団地が多いのは、住宅公団と西武鉄道の不作為の連携のようにとらえる考え方もある。また、団地という生活合理性の追求は、社会のシステム化の流れとして、形を変えなが

ら今日まで続いているとみる向きもある。いずれにしても団地建設の推進は、ほとんど国策だったといっていいだろう。

しかし、団地生活が「憧れ」だった時代はどれだけ続いたのだろうか。供給が増えれば、なかなか抽選に当たらないという稀少価値はだんだん下がっていったに違いない。当時は右肩上がりで生活の質が良くなっていたはずだから、「憧れ」がフツーになるのも早かっただろう。「憧れ」は73年のオイルショックあたりまでだったのではなかろうか。

その後の団地は、オイルショック以降の日本社会と同様、大きな変化を強いられていくことになる。

（**杉山尚次**）

【主な参考資料】
・『朝日クロニクル週刊20世紀　１９５８』（朝日新聞社）
・原武史『レッドアローとスターハウス』（新潮社）
・細田正和・片岡義博『明日がわかるキーワード年表』（彩流社）

1960年

ブリヂストンタイヤ東京工場が小平で操業開始

地域を成長させた企業群

1950年代半ばからの高度経済成長期、財政難に苦しむ自治体は自己財源の確保のため積極的に工場誘致に乗り出した。小平町（現小平市）の「ブリヂストンタイヤ東京工場」建設は、それを象徴する事例だった。

小平町は元陸軍兵器補給廠跡を中心とする農地への工場誘致を図り、ブリヂストンは最大のマーケットである東京に国内2番目となる新工場の建設を模索していた。用地の買収交渉は難航したが、1960（昭和35）年、小川東町の57万3525平方メートル（東京ドーム12個分）に建設した工場で操業が始まり、62年には研究開発の拠点となる技術センターが完成した。

若年労働者の流入

折からのモータリゼーションの進展に乗って、トラックやバス、乗用車用のタイヤ生産量は日産1500本から62年には1万本、70年には2万5000本へと急伸した。生産を支えたのは当初、ブリヂストン創業の地である福岡県・久留米工場からの転勤者約800人だった。生産拡大に伴って地元のほか東北や九州など地方からも大量の養成工を採用して、70年には従業員数約4100人になり、うち9割以上が男性だった。

ブリヂストンの事業拠点がある小平市小川東町

この時期の小平には、ブリヂストン以外にも日立製作所武蔵工場や昭和電子小金井工場など大きな工場や製造事業所が次々に進出した。そのため小平の人口は1955年の約2万9000人から60年は約5万3000人、70年には約13万7000人と急増した。

その多くは10代後半から20代前半の男性、すなわち工場や事業所で働く若年労働者だった。高度成長期の小平の成長と変化に大工場・事業所の進出は大きな役割を果たしたといえる。

新工場のレイアウトは創業者の石橋正二郎社長（1889〜1976年）自らが構想した。用地の中央に東西に伸びる道路を1本引き、北側を生産工場に、南半分を研究センターや社宅などの厚生施設に当てた。

社宅や病院、スポーツ施設、児童会館など福利施設に加え、企業内教育や社内レクリエーションなどソフト面にも配慮した。「従業員の家族が不自由なく生活し、一家の主人が安心して働けるようにするためには、福利厚生施設を完備する必要がある」という石橋社長の

イノベーションギャラリーでは
さまざまなタイヤに触れることができる

考え方に基づくサポートだ。さらに近隣小学校への出前授業や体育館・グラウンドの開放、納涼祭開催などを通じて積極的に地域との交流を図っていった。

技術開発の拠点として再開発

ブリヂストンは現在、東京工場を航空機用ラジアルタイヤ専用の工場とし、さらに技術開発の拠点である小平地区を再開発して複合エリア「イノベーションパーク」を整備する計画を進めている。

２０２０年11月、その最初の施設「ブリヂストンイノベーションギャラリー」がオープンした。世界最大手のタイヤメーカーとなったブリヂストンの歴史と事業活動を紹介した企業博物館だ。創業からの歩み、ゴムとタイヤの性質や役割、モータースポーツやゴルフボール、人工筋肉、義足、免震ゴムなどさまざまな分野における取り組みを実物や映像やパネルで紹介している。

２０２２年４月にはイノベーション促進のため社内外との交流を図る「ビーイノベーション」と試作タイヤのテストコース「ビーモビリティ」の２施設を開設し、イノベーションパークの本格稼働を開始した。自動車業界は電気自動車の普及や自動運転化など大変革期を迎えている。ブリヂストンは「イノベーションを通じた新たな価値創造、持続可能な社会の実現に向けた変革を実現する拠点として小平地区の再構築を図りたい」としている。

(片岡義博)

【参考資料】
・『ブリヂストンタイヤ五十年史』(創立五十周年社史編纂委員会)
・鈴木理彦「高度成長期、ブリヂストンタイヤ東京工場に集まった労働者たち」(『小平の歴史を拓く‐市史研究』第6号所収)
・ブリヂストン物語(ブリヂストン/ホームページ)
・イノベーションで新たな価値を創造する「Bridgestone Innovation Park」を開設(ブリヂストン/ホームページ)

1962年
ひばりが丘団地に「ことぶき食品」開店
ファミレス「すかいらーく」の原点

消費者最優先という戦略

1962（昭和37）年、保谷町（現西東京市）のひばりが丘団地に小さな食料品店「ことぶき食品」がオープンした。地域に根ざした乾物店は、やがて郊外型のファミリーレストランを興し、時代の波に乗って世界的な巨大外食チェーンに発展する。その名前は発祥地のひばりが丘団地にちなんで「すかいらーく」（ひばりの英語名）と名付けられた。

ことぶき食品を創業したのは、長野県出身の横川家の4兄弟（横川端、茅野亮、横川竟、横川紀夫）。日本が敗戦から立ち上がっていく時代、4人は東京で一旗揚げることを夢見て、ひばりが丘団地に面する食品マーケットの一画に乾物を中心とした広さ約30平方メートルの食料品店をオープンした。

築地市場で仕入れたアジやサンマの開き、干物、塩鮭、しらす干し、かまぼこ、佃煮、玉子、納豆のほか缶詰、香辛料も並べた。「いつも新鮮、いつも親切」をモットーに、清潔なユニフォームを着た青年が売る鮮度重視の食品はお客の心をたちまちつかみ、開店当初から活況を呈した。

成功の背景には顧客のニーズを捉えた周到な戦略があった。当時、ひばりが丘団地には幼い子ども連れの若い夫婦が多かった。収入はまだ低く、冷蔵庫はさほど普及していなかった。必要なのは、その日に使う食材だけだ。

ここに目を付けたのが食品の「小分け商法」だった。なかでもヒットしたのは、しらす干しの小分けパック。築地から仕入れた新鮮なしらすを通常100g単位で売るところ、1袋（10g）10円で売った。「育ち盛りの子どもにカルシウムを」という売り文句で飛ぶように売れた。

周りの店が午後6時~7時で閉店するところを、都心に出勤して夜遅くに帰る通勤客のため、夜の11時過ぎまで営業した。現代のコンビニエンスストアに通じる発想だった。消費者最優先の便利な食品店は68年までに東伏見、秋津、清瀬、西荻窪、国分寺と6店舗に広げ、年商3億円にまで成長した。

ひばりが丘団地の一角に開店したことぶき食品
（すかいらーくホールディングス提供）

常識を覆す経営モデル

店舗の順調な発展に立ち塞がったのは、大手スーパーマーケットの台頭だった。60年代後半から次々に出店する大型スーパーは複雑な流通経路を簡素化し、圧倒的な価格差で小さな食料品店を駆逐していった。70年代にはダイエー小平店、イトーヨーカドー東村山店、西友久米川店など大手スーパーが相次ぎ出店計画を発表し、地元の商店主たちが激しい反対運動を展開した。

大量生産、大量消費の時代、「流通革命」の波に乗り遅れたことぶき食品に決定打を与えたのは、68年の西友の国分寺駅前進出だった。

転業を模索する4兄弟は借金をして米国視察に出た。カリフォルニアをバスで回った彼らの目に飛び込んできたのは、郊外のコーヒーショップ型レストランの盛況ぶりだった。広い道路に立ち並ぶマクドナルド、ケンタッキーフライドチキン、ミスタードーナツ、デニーズ……。

日本でも外食チェーンの時代が来ることを確信した4人は1970年、府中市と国立市の境にある国道20号線（甲州街道）沿いの麦畑を購入。「スカイラーク」1号店の国立店をオープンした。敷地面積260坪、駐車台数25台、客席数70席。のちに店名はイメージをソフトにするため平仮名の「すかいらーく」にした。

1号店のスカイラーク国立店。現在は「ガスト国立店」（すかいらーくホールディングス提供）

それまで日本の飲食店は駅前立地が常識で、郊外に車で来店し、しかも午前11時から深夜2時まで開店という営業スタイルは画期的だった。商品は380円のハンバーグを主力に日替わり本日のランチ・コーヒー付きが480円。

店前に高く掲げたサインポール、道路から丸見えの全面ガラス張りは夜にも人を呼び込む演出だった。柱がなく、天井が高い斬新なレストランの出現に客足は夜になっても途切れず、初年度の年商は7700万円、翌年には1億2000万円の売上を叩き出した。

「家族で外食」というライフスタイル

キャッチフレーズは「ホテルの味を半額で」。サブで「ファミリーも安心してご利用頂けるレストラン」と謳い、「ファミリーレストラン」という呼び名が定着する。
飲食業界では１９７０年を「外食元年」と呼ぶ。すかいらーくとケンタッキーフライドチキンの1号店、71年にはマクドナルド、ミスタードーナツがそれぞれ1号店を出すなどファミレス、ファストフードの大規模チェーンがこの時期、一気に開花した。

可処分所得が増えたうえ車社会の到来によって、「家族で外食」という新たなライフスタイルが広まりつつあった。横川端氏は当時を振り返って語る。

「自動車で移動して食事というスタイルには幹線道路が多く、使える土地も多かった多摩地区は適していた。ことぶき食品が電車で簡単に移動でき、土地も少ない都心にあったら、すかいらーくの発想は生まれなかったと思います」（Foodist「食の仕事人」）

すかいらーくグループは多摩地区から次々と店舗を広げ、93年には外食産業のうちテーブルサービスレストランとして初の１０００店舗出店を達成した。

バブル崩壊後の90年代は低価格路線へと舵を切り、徐々に「ガスト」に衣替えする。２００９年、埼玉県・川口新郷店を最後に店舗としてのすかいらーくは姿を消した。すかいらーくグループはバーミヤン、ジョナサン、夢庵など海外を含めて総店舗数約３０００店の世界最大級レストランチェーンになっている。

（片岡義博）

【主な参考資料】

・横川端『エッセイで綴るわが不思議人生』（文藝春秋企画出版部）
・「外食産業を創った人びと」編集委員会編『外食産業を創った人びと』（日本フードサービス協会）
・「食の仕事人」（すかいらーく）連載１～５回（Foodist ホームページ）

1962年

廃棄物処理「秋水園」完成

生活と環境守る縁の下の力持ち

町単独事業でごみ戦争に向き合う

現在の「秋水園」ごみ焼却施設

1962（昭和37）年、東村山町（現東村山市）に廃棄物処理施設「秋水園」が完成した。急速な人口増加に伴うごみ、し尿などの収集、処理という大問題に対する先進的取り組みだったが、その後も社会情勢の変化に従ってさまざまな対応と改良を迫られた。〝迷惑施設〟とのイメージを克服し、環境保護最前線の役割を担う縁の下の力持ちのチャレンジが続いている。

1960年代から70年代、東京は「ごみ戦争」にあえいでいた。戦後の人口急増と大量消費社会、生活スタイルの変化は爆発的なごみ増加をもたらした。下水道の整備は遅々として進まず、焼却施設建設も間に合わない状態で、東京湾岸に設けられた埋め立て場に次々と運び込むしかなかった。悪臭や害虫の大量発生に悩まされた湾岸地域の住民の悩みと怒りは頂点に達し、

73年にはついに江東区の住民が、杉並区からのごみ運び込みを実力で阻止する騒ぎにまで発展した。

北多摩地域でも住宅地化が急速に進む中で廃棄物処理問題が一気にクローズアップされた。戦後間もない時期までは、し尿は汲み取って肥料としてほぼ全量活用されていたし、生活で出るごみもプラスチックなどの有害なものは少なく、各戸、地域などの単位での焼却や埋め立てで間に合っていた。

しかし、54年に清掃法が制定され、市町村によるごみの収集、処分が義務付けられたのを受けて、東村山町は市制施行の前提として60年から処理施設の敷地買収を進め、町北部の柳瀬川右岸沿いの約1万2000平方メートルの土地を確保、翌年にはし尿・ごみ処理施設の着工にこぎつけた。

都内では初のシステムとして、ごみ焼却炉の余熱を利用してし尿消化を促進させるネオ加温式を採用、62年10月に完成、稼働開始した。処理能力はし尿が1日当たり5万4000人分、54キロリットルで、ごみ焼却が1日15トンだった。

北多摩地域では60年に保谷町（現西東京市）、田無町（同）、久留米町（現東久留米市）の3町が合同して、「北部三カ町衛生組合」を設立、その後「柳泉園組合」に名称変更し70年、清瀬が加入した。小平町（現小平市）、大和町（現東大和市）、村山町（現武蔵村山市）も「小平・村山・大和衛生組合」をつくって合同してごみ処理に対処したが、東村山町は単独事業での取り組みで注目された。

処理能力重視から環境保護へ

東村山は64年に市制施行し、ごみ処理能力の大型化が必要となった。し尿はそれまでの3倍近い1日当たり144キロリットルに、焼却はそれまでの平炉から機械炉での処理に変更、能力も1日90トンに向上した。

秋水園は当初し尿処理がメーンだったが、流域下水道が普及するに伴いし尿処理量は激減し、ごみの焼却と分別によるリサイクルに重点が移っていった。焼却の方はさらに能力向上が求められ、72年焼却炉増設が決定された。

しかし、これに対して近隣住民が声を上げた。不満、要望の要点は①悪臭、飛灰公害の改善②施設周辺の緑化など環境改善③出入り車両の増加に伴う安全確保――などだった。市と周辺住民との話し合いが繰り返され、一時は強い抗議でくい打ち作業が中止になる事態に発展した。

手作業による瓶などの分別（秋水園リサイクルセンター）

市は周辺道路の改良・整備、住民用の集会所建設、公害の発生しない設備への積極的取り組みなどを約束して一応の解決をみたが、施設の処理能力を上げるとともに周辺対策が重要であることがクローズアップされた。

現在の焼却施設は81年に完成した。1日75トンの処理能力がある炉2基を備え、ダイオキシンなどの有害物質を出さないよう温度管理し、煙突からばいじんを極力排出しない設備を整えている。

環境保護に対する社会的関心が強まるにつれて、秋水園でもリサイクルの比重が増大している。「脱焼却、脱埋め立て」を理念とした秋水園再生計画が立てられたのは

98年。「98プラン」として先駆的な取り組みに注目が集まり、全国からの視察が相次いだ。

現在稼働中の焼却炉は延命工事や補修を重ねてきたが、2028年度にはより効率的、安定的な処理を目指して全面的な施設更新が計画中。しかし資金面での困難に直面している。地球温暖化防止のため二酸化炭素（CO_2）排出を抑えるという課題への取り組みも迫られている。

施設内にはごみ焼却のほか、リサイクルセンター、粗大ごみ処理棟がある。リサイクルセンターでは瓶、缶の処理を行い、瓶は色ごとに分け、缶はスチールとアルミに分けて再利用に充てており、粗大ごみはもう一度使えるものを選別し、施設内の「とんぼ工房」で修復して再製品化している。いずれも人の手に頼る部分が多い作業だ。

市民の意識変化がカギ

筆者は2022年12月、施設を見学した。焼却棟の窓から見下ろすと敷地のすぐ脇まで真新しい建売住宅が迫っている。「数年前に宅地が増えたこともあり、においや粉塵に一層注意を払っています。施設の改修や改良で問題解決に努めています」と説明役の職員。市民の生活維持に絶対欠かせない施設は有害な物質を出さず、周辺に迷惑を掛けず、効率的で、環境循環に積極的に寄与するといった難しい要求に懸命に応えているというのが実感だった。

ごみ発生の推移を尋ねると、人口はこのところ横ばいなのに対し総量は徐々に減っているという。環境省の20年の調査などによると、人口10万人以上50万人未満の200を超える全国市町村で、東村山市は1人1日当たりのごみ排出量の少なさでは第10位、リサイクル率は第6位の36・7%という高さだった。何と言っても市民のごみ減量意識が影響している。生ごみを黒土に混ぜて家庭菜園用に使う小型容器（「ミニ・キエーロ」（生ごみが分解されて「消えろ」のもじり）を毎年販売しているが、すぐに完売する。ごみに関しては北多摩地域の各市は総じて優等生と言えそうだ。

それでも市民に訴えたいのは「あくまでも分別に協力を」だと秋水園の職員は強調する。特にスマホ、モバイルバッテリー、携帯扇風機、加熱式たばこなどに使われているリチウムイオン電池は発火の危険性があり、全国で事故が相次いでいる。不燃ごみなどに混ぜず、公共施設の小型家電回収ボックスや取扱店の受け入れポストを利用するなど適切な処理が求められる。

「とんぼ工房」で粗大ごみからよみがえった製品は東村山市美住町の「リサイクルショップ　夢ハウス」で販売されている。店内にはタンスやテーブルなどの家具類と陶器類が並べられ、訪れる市民が自由に品定めをしている。「家具類などはよく売れます。少々傷はあっても清潔だし、第一安いですからね」と係の人は話した。

（飯岡志郎）

【主な参考資料】

・『東村山市史2　通史編　下巻』

・「秋水園事業概要」（東村山市環境資源循環部）

・「東村山市秋水園　見学のしおり」

1962年
保谷町が全国一斉学力調査を中止
新住民が支えた革新首長

教育行政で先鋭化する反対運動

1950年代後半から60年代前半にかけて文部省が強行した教員の「勤務評定制度」（勤評）と「全国中学校一斉学力調査」（学テ）は「教育行政の中央集権化」として全国で激しい反対運動が巻き起こった。戦後早くに革新町長を生んだ保谷町（現西東京市）は激しい抵抗の末に勤評を見送り、1962（昭和37）年には学テを実施しない全国唯一の町となり注目を集めた。隣の田無町（現西東京市）でも同年、町政史上初の革新町長が誕生した。60年代後半から全国で革新自治体が相次ぎ誕生するブームに先駆けた町政の転換だった。以後両町では長く革新町政・市政が続き、立ち遅れたインフラ整備を進めていった。

保谷町では1957年、社会党の山本浅雄町長の跡を継いで初当選した原田彰俊氏が就任早々、原水爆禁止に関する議決を行い、59年の原水爆禁止世界大会に議会選出の町代表派遣を決めた。この頃から町議会も革新的傾向を示し、62年の町議会選挙で革新系議員は15人となって議会定数26人の過半数を制するに至った。

革新町長を支える政治意識が先鋭的に表れたのは教育行政だった。57年ごろから日本教職員組合が主導した「勤評闘争」で、保谷町は町教組をはじめ町議会、住民団体が町ぐるみの激しい反対運動を繰り広げ、

58年に都の規則に定める勤評の実施を見送った。実施を推進すべき町教育委員会が抵抗を示したことで保谷町の名は全国に知れわたることになる。町教委を動かしたのは住民運動、とりわけ勉強会や署名運動を重ね、議会に勤評反対の請願書を提出した「保谷母親連絡会」だった。

61年から本格化した「学テ闘争」でも保谷町は文部省、都教委、町教委を巻き込む反対派・賛成派の激しい攻防の末、62年に中止を決めた。翌年、町議会は中止の請願を採択し、学テ反対は保谷町の公的方針となった。しかし対立が深まる中で実施された学テでは、生徒が白紙の答案を出したり、生徒集会を開いたり、学校に警察車両が集結したりと現場は混乱を極めた。教育行政をめぐる保谷の激しい反対運動は近隣自治体にも波及して、田無町教委は66年、学テ中止に踏み切った。

旧保谷町の学力テスト反対集会
（1963年、小林つね子家所蔵、西東京市図書館提供）

団地主婦の自治会が主導

北多摩地域で革新的な政治意識が醸成された背景には、戦後の人口急増に伴う地域の構造的変化がある。都心のベッドタウンとして急速に進む宅地開発は新住民の大量流入を招いた。例えば田無町では1962年に早くも新住民の数が旧住民を上回っている。人口急増は住民の生活上の窮状を次々に招いた。ゴミ処理、し尿処理、水不足、保育所・学校不足、交通渋滞、水害……生活上不可欠なインフラ整備が人口に追いつかず、不満を募らせた新住民は地縁・血縁に縛られることなく、身近な生活の改善を革新系の首長や議員に託した。

政治学者の原武史氏は、高度経済成長期に慢性的な住宅不足を解消すべく西武鉄道沿線に次々建設された公営・公団・公社の大規模団地が革新政党とりわけ共産党の支持基盤になったことを指摘する。久米川団地、ひばりが丘団地、東久留米団地、滝山団地など西武沿線は、中小の団地も含めて首都圏で最も団地が密集する地域になった。

こうした団地に移り住んだ新住民は20代から30代の核家族で、戦後民主主義教育の第一世代。多くは「新中間層」と呼ばれる中堅サラリーマン家庭だった。新設団地には通勤、教育、環境面などで政治の貧困を示す要因が山積していた。主婦層が中心になって組織した自治会、学習会には革新勢力が浸透し、その活動は西武鉄道運賃値上げ反対運動などにつながっていく。

北多摩北部の団地の増加に伴って革新政党の得票率は選挙のたびに増えていった。反体制の政治意識は60年安保闘争という時勢と共振した。さらに「東京23区との歴然たる格差に対する不満とコンプレックスが反中央、反保守政権の意識を醸成した」と指摘する元住民もいる。

経済成長のひずみ解消へ

67年に社会、共産両党が推す美濃部亮吉氏が東京都知事に当選した統一地方選以後、都市を中心に革新自治体が次々誕生した。北多摩地区では三鷹市、保谷町、田無町に続き60、70年代に武蔵野、調布、昭島、小金井、国分寺、国立、立川、東久留米各市で革新市長が生まれた。背景にあるのは高度成長に伴う公害発生や社会資本の未整備、社会福祉の貧困であり、革新首長はその解消を政策課題にして取り組んだ。

田無町で言えば、革新町政下で保健衛生費と福祉事業費の歳出が急増した。具体的にはごみ対策、し尿対策だ。50年代までごみやし尿は自家処理か畑・山林に投棄されていた。切迫する処理問題に60年、清瀬町（現清瀬市）、久留米町（現東久留米市）、保谷町、田無町のごみを共同で処理する北部三カ町衛生組合（現柳泉園組合）が発足し、久留米町にごみ焼却場とし尿処理場を建設した。さらに上下水道の整備に着手し、63年には5％だった田無町の上水道の普及率は2年後には40％、6年後には80％に達した。

革新自治体は70年代後半から急速に姿を消していくが、保谷は保守系市長2期を挟んで93年まで、田無は共産を除く保革相乗りで当選した社会党出身の市長を含めれば２００１年まで続いた。

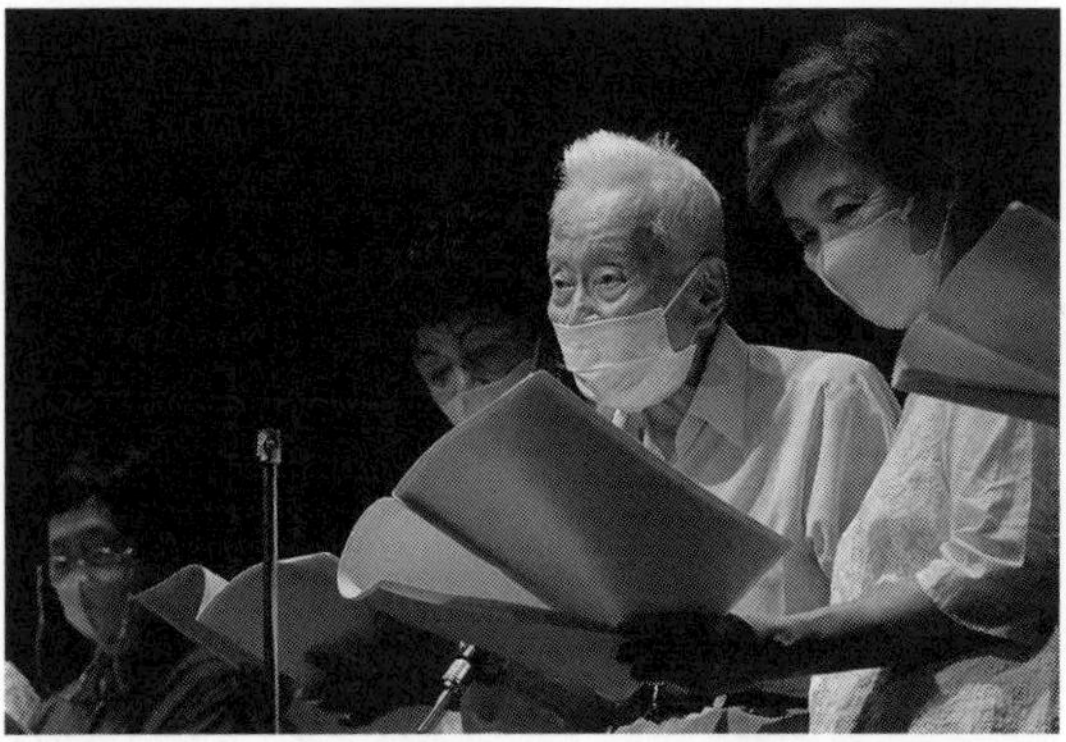

「茨木のり子没後 15 年の集い」で詩の朗読に参加した都丸哲也元保谷市長（2021 年９月）＝@ノースアイランド舎

その中で１９４７年に革新系の保谷町長に就いた山本一司氏はそれから市議を８期務め、１９９５年に90歳の最高齢市議（当時）を記録した。さらに１９７７年から保谷市長を４期16年務めた都丸哲也氏は１００歳を超えてなお積極的に護憲運動や平和活動を続け、２０２３年8月、１０２歳で永眠した。

（片岡義博）

【主な参考資料】
・『保谷市史 通史編3 近現代』
・『田無市史 第三巻 通史編』
・原武史『レッドアローとスターハウス』（新潮社）
・岡田一郎『革新自治体』（中公新書）
・『資料　革新自治体』（日本評論社）
・原田彰俊『はじめは青空だけだった』（合同出版）
・『多摩のあゆみ』１７３号「多摩の団地」（たましん地域文化財団）

1962年

保谷の民族学博物館が閉館

日本で初めて民家を野外展示

民俗学者たちの夢

1962（昭和37）年、保谷町（現西東京市）にあった「民族学博物館」が閉館した。生活の中に息づく民具の紹介と研究を夢見た学者たちが私財を投じて1939（昭和14）年に開館。野外で民家などを展示する日本初の博物館だった。時を経て地元でもほとんど忘れ去られつつあったが、近年、その業績と軌跡を記録し、後世に伝える市民活動が展開している。

博物館設立の中心人物は「日本資本主義の父」と呼ばれた実業家、渋沢栄一の孫で、のちに日銀総裁や大蔵大臣を務めた実業家の渋沢敬三（1896〜1963年）だった。渋沢は世界の諸民族の文化・社会を研究する「民族学」に対して庶民の生活文化・歴史を探求する「民俗学」に傾倒し、若き民俗学者を支援することを自らの使命とした。北欧旅行中、広大な敷地に民家や民具、当時の生活を保存・再現しているスウェーデンのスカンセン野外博物館に感銘を受け、同様の博物館を日本にも建設するという夢を抱く。

西欧化と近代化の波により従来の生活様式が失われつつあった1920年代、渋沢は東京・三田の自邸の物置屋根裏に「アチックミューゼアム」（屋根裏博物館の意）を立ち上げ、仲間と共に郷土玩具や民具、漁具、農具の収集と共同調査をしていた。そのメンバーで渋沢と夢を共有したのが、武蔵野鉄道（のちの西武鉄道）重役で保谷の大地主だった高橋文太郎（1903〜48年）と、早稲田大学建築学科教授で「考古学」に対して「考現学」を提唱した保谷在住の今和次郎（1888〜1973年）だった。

国民の文化的アイデンティティーを形作ろうとする民族学博物館は極めて政治的な存在でもある。渋沢は皇紀二千六百年（1940年）記念事業の一環として国立の「日本民族博物館」設立を政府に提起するが、日中戦争のさなか見送られる。そこで高橋が旧保谷村下保谷の所有地を、渋沢は土地とミューゼアムの収蔵品2万点余りを、渋沢の肝いりで設立した日本民族学会に寄贈。さらに民家研究者の今和次郎が博物館の全体構想図を描き、民家移築に尽力した。

西東京市郷土資料室にある民族学博物館のジオラマ。
左の建物が展示・収蔵棟、右が研究所棟

失われた痕跡

1939年、西武池袋線保谷駅の南東約500メートルの現西東京市東町1丁目に「日本民族学会付属民族学博物館」は開館した。8千坪の敷地に付属研究所と木造平屋建ての展示・収蔵棟（360坪）を設け、日本をはじめ当時統治下にあった朝鮮、台湾、中国、千島、樺太、南洋諸島、東南アジア諸国の民具などを収めた。野外には高橋が所有する武蔵野の古民家、今が設計した絵馬堂を展示し、のちにアイヌの住居群を新築、鹿児島県・奄美大島の高倉を移築した。

ところが開館翌年、高橋が突然研究所員を辞め、寄付した土地の一部を引き揚げてしまう。理由は日本民族学会後身の財団法人民族学協会の翼賛体制のため、国立博物館構想の頓挫のため、研究所内の派閥抗争のため、家庭の事情のため――など諸説あるが、確かなことはわかっていない。

敷地がほぼ半減した博物館は戦中、小学校の疎開先になるなどしたが、一般市民にも公開された。ところが戦後、公職追放と財閥解体によって渋沢による資金的援助は難しくなる。もともと展示・収蔵棟や研究所棟は鉄道会社の仮事務所などを譲り受けた木造バラックで、老朽化と資金不足によって博物館は1962年に閉館を余儀なくされた。そして翌年、渋沢も他界する。

民具などの資料は国に寄贈され、文部省史料館（現国文学研究資料館）を経て大阪府吹田市に創設された国立民族学博物館に引き継がれた。野外展示物は処分されたが、唯一、奄美の高倉だけは小金井公園にある現在の江戸東京たてもの園に移築された。

1999年、民族学協会後身の民族学振興会は解散し、敷地の一画に残っていた事務所も取り壊されて、民族学博物館の痕跡は保谷から失われた。

2022年12月、博物館があった旧清水建設社宅跡地の一部に「保谷スダジイ広場」が設けられ、博物館開館当時からあったスダジイの大樹前に「民族学博物館発祥の地」と題された銘板が移設された。

高橋文太郎の功績を継承

45歳の若さで病没した高橋文太郎は活動期間が戦前戦中の15年と短かったため、学界ばかりか地元でもほとんど忘れられた存在だった。高橋の『武蔵保谷村郷土資料』は当時の武蔵野の農村生活を詳細に伝え、

江戸東京たてもの園に移築された奄美の高倉

『秋田マタギ資料』は山人の暮らしを考察した先進的研究だった。

屈指の資産家だった高橋家は保谷駅前商店街の整備、文化施設の誘致など地域の発展に大きく貢献した。しかし武蔵野鉄道の負債や相続税で資産の大半を失い、贅を尽くした邸宅は西武鉄道の手に渡り、宴会場を伴う北京料理店「保谷武蔵野」に変わった。それも2002年に廃業、建物も取り壊された。

失われてゆく貴重な地域史に危機感を覚えた市民有志が2007年、「高橋文太郎の軌跡を学ぶ会」を立ち上げ、資料集めと関係者の聞き取りに奔走した。博物館開館70周年に当たる2009年には跡地に前述の銘板を設置するとともに講演会、写真展、民具展示会を開き、高橋の業績と博物館の軌跡をまとめた2冊の研究書を刊行。同会を引き継いだ「下保谷の自然と文化を記録する会」は地域の自然や文化、歴史を調べた冊子を相次ぎ発行している。

民族学協会の本部があった保谷はかつて多くの研究者が訪れ、「民族学の聖地」と呼ばれた。民俗学者の宮本常一（1907~81年）は大戦末期、民族学博物館の収蔵品を空襲から守るため泊りがけで民具整理に尽くした。宮本が教授に就任した武蔵野美術大学（小平市）の民俗資料室には宮本の指導で全国から集めた民具約9万点が収蔵されている。

小金井市の江戸東京たてもの園は野外博物館として江戸から明治、大正時代の建物を移築・保存し、小平ふるさと村では江戸時代からの地元の古民家を見学できる。渋沢ら民俗学者の夢は、この地にかたちを変えて受け継がれている。

（片岡義博）

【主な参考資料】

・『保谷市史　通史編3　近現代』
・丸山泰明『渋沢敬三と今和次郎』（青弓社）
・西東京市・高橋文太郎の軌跡を学ぶ会『高橋文太郎の真実と民族学博物館』『渋沢敬三・高橋文太郎と民族学博物館』

1962年

「東久留米団地」入居開始

建設地に秘められた戦争の歴史

団地誕生の様子を描いた小説

1962（昭和37）年12月、「東久留米団地」（2280戸、現在「グリーンヒルズ東久留米」）の入居が始まった。50年代末から西武線沿線には次々に団地が建設されていた。当時の久留米町にとっては、59年に入居を開始した「ひばりが丘団地」に続いて2番目となる日本住宅公団（現都市再生機構）による団地の建設となった。この建設地には、戦前から戦後にわたる日米の軍事施設をめぐる歴史が刻まれていることはあまり知られていない。

公式の記録には出てこないが、この入居当時の様子を伝える小説がある。干刈あがたの「月曜日の兄弟たち」という短編小説である。

干刈は1943年生まれの60年安保世代。作家デビューした80年代、離婚やシングルマザーを扱った私小説を書き、フェミニズム作家のさきがけという位置づけをされていた。本作は84年に彼女の代表作で芥川賞候補にもなった『ウホッホ探検隊』とカップリングで刊行されている（福武書店刊、本作はこれが初出。福武文庫では『ゆっくり東京女子マラソン』に収載された）。

作者が95年に若くして病没したこともあり、この小説が東久留米団地を描いたことどころか、作品の存

1974年頃の東久留米団地。左方に「航空信号塔」がある（「東久留米市立東中学校卒業アルバム」1974年より）

在すら忘れられようとしている。それくらい地味な作品ではあるが、団地というひとつの街がまさにできようとしていく過程をリアルに描いていて、貴重な作品だといえよう。

小説には62年12月からの数カ月間が描かれている。「クリスマスの十二月二十五日からのぞみが丘団地（注：東久留米団地のこと）の第一次入居が始まる」という記述がある。この作品はフィクションだとしても、年末の慌ただしい頃、「正月を新居で迎えようとする家族が大挙して」団地に引っ越してきたことは事実だっただろうと推察される。

また冒頭の引っ越しシーンに、当時のまちの姿を描いた興味深い記述がある。

《一九六二年十二月二十四日、午前零時過ぎ、まだ片側が造成工事中の新青梅街道を、中古のライトバンは…杉並区内から西へ向って走っていた。…欅の巨木を敷地内に抱き込んだ武蔵野の古い民家が黒々と蹲っている。…やがて所沢街道へと入る岐点で車は右に流れ込み、少し先の田無市内の六角地蔵脇からさらに右の道へ入った。…ライトバンは二年前に完成したばかりの、ひばりが丘団地に沿った道を通過した。ヘッドライトの中に次々に出現する同じ形の四角い建物は、ベランダ側を見せていた。…コンクリートの建物には生活の匂いがしみつき始めていた。》

半世紀以上経って、団地はがらっと様相を変えたが、ここに描かれている経路はいまも変わっていない。道は記憶装置としても機能することがある。

車は団地に近づく。

《やがて前方に、点滅する赤い灯が見えてきた。丘の上に立つ、航空信号塔。》

この「航空信号塔」は長い間、高台にある東久留米団地のランドマークだった。そして、団地ができる前、ここはどういう場所だったかを物語るものだった。

ポツダム宣言を受信した通信秘密基地

太平洋戦争中、団地周辺とその北部、現在の新座市、清瀬市にまたがるかなり広い地域に、旧日本海軍の「大和田通信隊」が置かれていた。その通信施設は、外交や軍事の外国無線の傍受を専門とする、いわば海軍の通信秘密基地の役割を担っていた。日本軍の真珠湾攻撃の際、米海軍の有名な第一電（「これは演習ではない」）を受信し、さらには「ポツダム宣言」も受信している。

海軍大和田通信隊の地図（1945 年）。「久留米村」という文字辺りが団地に当たる（『東久留米の戦争遺跡』p60）

施設の関係者は3000人に上ったというから、小さな団地レベルだ。中心的な施設は、現在の新座市大和田にあり、いまは在日米軍基地となっている。東久留米団地一帯はすっぽりこの施設の範囲に入っていて（推定地域は下の地図を参照）、多くのアンテナが存在していたことが1943（昭和18）年の地図に記されている。

敗戦後すぐ、日本の中央気象台が大和田の施設を接収した。ところが1950年7月、つまり朝鮮戦争勃発の翌月、米国陸軍第71通信隊が大和田の中央施設を使用することになった。状況が変わったのである。64年には米空軍の管理下となり、現在に至っている。

そして東久留米の範囲は国有地となり、ここが東久留米団地の用地になった。この地区の通信施設は、50年に米空軍の管理下に置かれたものの、63年、それまで入間の米軍基地にあった運輸省航空管制本部が移転してきて、民間機の航行管制をおこなうようになった（この施設は77年に所沢に移転。巨大なアンテナは団地の再開発もあって現在は存在しない）。東久留米団地とその地の航空信号塔の背景には、こういう軍事絡みの歴史があったのである。

大和田通信隊については、東久留米市教育委員会による『東久留米の戦争遺跡』（2019年）が詳しく解説している。また阿川弘之の『暗い波濤』（新潮文庫）という作品にも登場するが、もっと知られていい歴史ではないだろうか。

（杉山尚次）

【主な参考資料】

・干刈あがた『ゆっくり東京女子マラソン』（福武文庫）
・『東久留米市歴史ライブラリー1　東久留米の戦争遺跡』（東久留米市教育委員会）

1966年

東村山の住宅地で集団赤痢
ずさんな水道設備から感染400人超

簡易水道に汚水混入？

1966（昭和41）年3月、東村山市恩多町の建売団地「久米川文化村」で集団赤痢が発生、患者・保菌者は400人以上に上った。団地の開発業者が殺菌装置の壊れた井戸水を供給し続けたのが原因だった。

久米川文化村は東村山市の西武新宿線東村山駅の東約1・5キロ、南から北へ流れる空堀川の右岸に東京の建設会社木下工務店が造成し64年から売り出した約3万3000平方メートルの建売団地で、急速なベッドタウン化に伴う住宅需要を背景とした開発だった。

3月18日に住民から田無保健所に赤痢を疑われる患者発生の連絡があったのがきっかけで20人以上の患者が判明し、245世帯の全住民約600人の検査の結果、287人の保菌者がいることが分かった。驚いた東村山市は団地内にテントを張って市長を本部長とする対策本部を設置し、全戸消毒や住民の要望聴取、対応に当たった。

しかし事態は悪化を続けた。患者らは5つの病院に収容され、住民の約半数が事実上強制的に隔離、市が用意した避難施設などに移った。文化村は一転「ゴーストタウン」とも呼ばれたという。

団地の児童約30人が当分登校停止となり、通う小学校も消毒されたが、児童同士の感染から別の都営団

集団赤痢発生当時の久米川文化村（『東村山市史』より）

地にも赤痢が飛び火した。合計の患者・保菌者は拡大し400人を超えた。市、保健所、自治会などの必死の対応の結果、4月に入ってようやく収束した。

文化村への水道供給は団地内に掘った深さ50メートルと150メートルの2本の井戸。しかし貯水タンクに塩素を加えて殺菌する装置が約1カ月前から動いていなかったことが分かった。

当時の郊外での住宅開発では、公設水道が間に合わず深井戸を掘って水源とする簡易水道が多かった。久米川文化村の井戸も無届けで、衛生管理もずさん。井戸の構造検査では浅い地下水が混入していたことも分かった。東村山市内の下水道は十分整備されておらず、近くを流れる空堀川は悪臭を放ち下水路同様の状態だったため、汚水が混入していた疑いが浮上した。

警視庁は7月、施工業者の関係者を業務上過失傷害や水道法違反の容疑で書類送検した。

無秩序開発に追いつかぬ行政

やっと手に入れたマイホームの水道が汚染されていた

という事実に住民の怒りが爆発した。ずさんな施工をした上に、苦情の訴えを当初軽視した施工業者に対してはもちろん、市や保健所の対応にも批判の声が上がった。文化村で4月3日開かれた住民大会では「住民の6割余も患者を出したのは、専用水道の管理に手抜かりがあった。保菌者が全員隔離されたため、家庭が収入減となったのは市の責任である」と補償を要求する方針が決まった。

　文化村での集団赤痢騒ぎの前に予兆は十分あった。61年5月から6月にかけて、東村山に発生した赤痢が周辺の小平町（現小平市）、久留米町（現東久留米市）に広がり感染者が800人に及んでいた。

現在の久米川文化村（東村山市恩多町）

　戦後いったんは収まっていた東村山の赤痢感染は60年代に入って再び拡大した。人口急増に伴って進められた民間業者による住宅開発では、上水道には井戸、下水道には下水管を通じて地中にしみ込ませる「吸い込み式」が多く、下水が上水に混入する危険性が高かったとされる。行政の側にも無秩序に進む住宅開発に規制と監視が行き届かない実情があった。

　全国の赤痢患者は戦後しばらくの間年間10万人を超え、死者も2万人近くを出したが、衛生環境や意識の改善もあって60年代後半からは激減し74年には2000人を割った。しかし施設等での集団赤痢は今も十分な警戒が必要とされる。

災い転じて住民結束

集団赤痢騒ぎを機に、住民の結束は強まった。市への陳情、開発業者や保険会社への要求、医療・衛生分野では互いに力を合わせる場面が多く見られ、強力な自治会も生まれた。文化村は周囲に比べて低い土地に開発されたため、空堀川が大雨のたびにあふれて浸水する被害にも悩まされていた。住民らは河川改修を訴え続け、大規模な拡幅・改修が完成すると、川沿いにある「文化村公園」をはじめ地域の美化に力を合わせた。

開発当時、久米川文化村には木造平屋建て住宅が立ち並んでいたが、現在はほとんどが2階建ての住宅に建て替わり、真新しい家も目立つ。

集団赤痢騒ぎがあった後、中古住宅を購入して文化村に住み始めたという男性は「行政もこの騒ぎを重大にとらえたと思います。住民の結束力もあってインフラ整備などは割と早く進んだ気がする。〝災い転じて福となす〟かもしれないですね」と話した。

（飯岡志郎）

【主な参考資料】
・『東村山市史 2 通史編 下巻』
・「日本伝染病学会雑誌」第43巻8号（1969年）

１９６８年
小平で初めてブルーベリーを商業栽培
独自の地域ブランドに育成

６月から９月にかけて実が熟し、摘み取りの季節を迎えるブルーベリー。生食のほかアイスクリームや洋菓子にも華やかな青紫色の彩りと甘酸っぱい風味を添えるこの果実が農産物として初めて栽培されたのは１９６８（昭和43）年、小平市においてだった。地元農家が長年、試行錯誤して育て上げたブルーベリーを今世紀に入って産官学が一体となってＰＲに努め、今では小平市のシンボルともいえる特産品として人々に親しまれるようになった。

「ブルーベリー」という北アメリカ原産の果物が近年、小平市の地域ブランドに加わった背景には、いくつかの巡り合わせがあった。

教え子に夢を託して

日本でブルーベリー栽培の研究を始めたのは、東京農工大学の岩垣駛夫《いわがきはやお》教授（１９０７〜９３年）だった。リンゴ栽培の研究者だった岩垣教授は米国留学中、農務省のリンゴ畑の隣にあったブルーベリー畑でその果実を食したところ、少年時代に福岡県の裏山で摘んで食べた野生種のベリーの味を思い出した。「これなら日本でも栽培できるはず」と帰国後の１９５４年から研究に着手した。

低木果樹のブルーベリーは大きく分けると、寒冷地に適したローブッシュ系とハイブッシュ系、暖地に適したラビットアイ系がある。岩垣教授は64年、福島県園芸試験場場長から赴任した東京農工大の圃場でラビットアイ系の栽培を始めた。

その時の教え子に実家が小平市で農家を営んでいた島村速雄さんがいた。岩垣教授は島村さんに「空いた畑があったら植えてくれないか」と１３０本の苗木を渡した。島村さんは「敬愛する恩師のお手伝いができれば」と実家の空き畑に苗木を植えた。１９６８年のことだった。

熟したブルーベリーを摘み取る

二人三脚で試行錯誤

しかし栽培技術はまだ確立されていなかった。関東ローム層からなる多摩丘陵は、酸性土壌で水はけの良い土質を好むブルーベリー栽培に適している。土づくりから販路開拓まで師弟は二人三脚で試行錯誤を続けた。

当時、ブルーベリーなど誰も知らなかった。青果市場に持っていっても相手にされず「なんでブドウを房からはずして持ってくるんだ」と言われる始末だった。岩垣教授の縁で都内の果物専門店に並べてもらっても、買い求めるのは欧米人のみ。島村さんは花卉《かき》栽培で生計を支えた。

その名前が広まるようになったのは、75年に大手メーカーがブルーベリージャムを売り出してからだ。需要が増えると、長野、群馬、山梨など全国に栽培農家が増えていった。

師弟2人で原産地の米国ジョージア州のアトランタを訪ねた時のことだ。島村さんがラビットアイ系の生果を頬張った時、その味に衝撃を受けた。日本でジャムなどの加工用に流通していたブルーベリーは

「本来、生で食べる果物なんだ」と繰り返していた恩師の言葉が腑に落ちた。

産業として成立させるには、加工用よりも単価の高い生果用に生産する栽培技術を確立する必要がある。以後、その時の味を目標に工夫を重ねた。ポイントは果実が色づいてから収穫までの時間と温度だった。それに気づいて納得できる味を出せるまで20年を要した。「でも苦にはならなかったですね。先生が亡くなった後も『先生のお手伝いをしている』という気持ちでした。それは今も変わりません」と島村さんは語る。

健康・自然志向を背景に普及

ブームに火がついたのは、２０００年に入ってテレビの生活情報番組が次々に「栄養豊富」「目や腸にいい」といった健康効果に着目してブルーベリーを取り上げてからだ。

２００６年、小平の生産者らが「小平ブルーベリーの会」を設立し、収穫時期の8月に「小平ブルーベリーまつり」を開催。こうした動きを追い風に２００８年には市と地元の商工会とＪＡが「小平ブルーベリー協議会」を設立し、この北米原産の果物を地域ブランドとして確立するための収穫支援や商品開発に取り組んだ。ブルーベリーを使った和菓子や洋菓子、ワイン、アイス、ジャム、ジュース、手巻寿司や麺類まで登場し、嘉悦大学の学生は「ブルーベリープリン」を企画開発した。

さらに市はシンボルマークのデザインを地元の武蔵野美術大学に依頼し、愛称は２００８年、市民公募によって「ぶるべー」に決まった。市職員と学生有志がオリジナルソングを制作。着ぐるみのぶるべーは今も事あるごとに各種イベントに顔を出している。

市内の全小学校にブルーベリーの苗木を植えたり給食に出したりと市はあの手この手で普及に努め、今

花小金井駅南口ロータリーの標柱。
傍らにブルーベリーが植えられている

や特産物としてすっかり定着した小平産ブルーベリー。「今後はいかに他の自治体や事業者と連携してアピールしていくかが課題」（こだいら観光まちづくり協会）という。

岩垣教授らが編者となり1984年に刊行した『ブルーベリーの栽培』で、東京の栽培状況を報告した島村さんは「自然との触れ合いが強く求められるこの頃、（略）園内で自らの手により収穫したものを食べたり、土地に持ち帰ったりするレクリエーションを兼ねた形式での経営から始めるのも良いだろう」と記した。

このアイデアは現在、摘み取り体験ができる「観光農園」の急増という形で実現している。都市部で人気の観光農園の広がりによって東京都はブルーベリーの収穫量で近年、トップクラスを維持している。島村さんは「生産者は〝観光〟に偏らず、もっと味を追究してほしい。消費者に本物の味を知ってもらうことが双方を豊かにするはずです」と話している。

（片岡義博）

【主な参考資料】
・『小平市史　地理・考古・民俗編』
・岩垣駛夫、石川駿二編『ブルーベリーの栽培』（誠文堂新光社）
・一般社団法人ブルーベリー協会ホームページ

1970年

郡内最後の町が市となり「北多摩郡」が消滅

三多摩に潜む複雑な住民意識

北多摩郡最後の年

1970（昭和45）年11月、北多摩郡最後の町である村山町が市制施行・改称し、武蔵村山市となった。この結果、属する町がなくなった「北多摩郡」は、1878（明治11）年以来の歴史を閉じた。「さよなら北多摩郡」というイベントがあったわけではないし、もう半世紀以上前の出来事である。そもそも「北多摩郡」という言葉にピンとくる人はどれくらいいるだろうか。しかし、「区じゃないほうの東京」の消滅から誕生へとさかのぼると、この地域の意外な歴史が見えてくる。

60年代後半、高度経済成長の流れにのって〈東京〉は膨張を続け、姿を変えていた。それまで「都下」ともいわれ、「郡」に属していた23区以外の地域の「町」は次々に「市」となり、「郡」から離脱していった。

戦後の時点で北多摩郡は22の町・村で構成されていた。それが62年には11の町になっている。つまり半減した。ちなみにこの年、市になったのは小平町だった。

64年に東村山町、国分寺町、67年は国立町、田無町、保谷町がそれぞれ市となり、北多摩郡に残るのは5つの町だけとなった。

そして70年10月、狛江町が狛江市、大和町が東大和市、清瀬町が清瀬市、久留米町が東久留米市となって北多摩郡を離脱した。残ったのは村山町だったが、前述のように翌11月3日には村山町も市制施行・即日改称して武蔵村山市となり、北多摩郡を離脱した。

武蔵村山市制記念式典の様子（1970年、武蔵村山市提供）

住んでおられる方には失礼な言い方になるが、この村山町は「東村山市」の村山ではない。北多摩郡には「東村山町」と「村山町」があったということだ。前述のように東村山町は一足先に64年に市制施行し、北多摩郡を離脱している。

こうして同日、北多摩郡は消滅した。

当時、「三多摩」という呼び方がされていた。そのひとつの南多摩郡も、八王子や町田が市となり、71年に消滅している。

西多摩郡は現在も存在している。瑞穂町、日の出町、奥多摩町、桧原村の3町1村である。

要するに、どこも「市」になりたがっていた

さて、北多摩が消滅したことで、何かが変わったのだろうか。当時の「郡」には「郡長」がいたわけでもなく、実質的には地理的な区分にすぎなかったから、

行政的に市長が代わったときのような変化があったとは想像しにくい。では、市民レベルではどうか。

北多摩郡が消滅した70年、久留米町の小学6年生だった筆者は、その変化を経験しているはずだが、そもそも「郡」がなくなったことを意識したことはなかった。

とはいっても、町が市になったことで自分の住所を書く際、「北多摩郡」を省いていいことには気づいていたので、逆に「自分が住んでいるあたりは東京の田舎扱いだった」ことを少し自覚した気がする。

東久留米市の市制の開始は、ちょっとした騒ぎで、「久留米町を久留米市にすると、九州と同じになってしまうから、東久留米市なんだ」という説明があったと記憶する。

60年代、北多摩の町が次々に市となり郡を離脱していくなかで、久留米町は70年に日本一人口の多い「町」となっていた。言祝ぐべき「日本一」なのかはわからないが、この人口増もあって、久留米町は東久留米市になった。その原動力は団地である。久留米町には59年にひばりが丘団地ができ（ただし、この団地は田無町、保谷町にまたがる）、62年には東久留米団地が、さらに68〜70年に滝山団地がつくられた。この3つの大型団地による人口増のおかげで、久留米町は市になることができた。

「三多摩」という意識

さて、北多摩郡の消滅とは、〈武蔵野〉の減少といってもいいだろう。武蔵野の雑木林や畑は切り拓かれ、都心で働く人のベッドタウンとなった。この「ベッドタウン」という言葉に微妙な反応をしたのは、テレビドラマ『孤独のグルメ』の原作者であり、三鷹市出身の久住昌之である。氏は、自伝的エッセイであり、自分が生まれ育った地域を散歩するその名も『東京都三多摩原人』（朝日新聞出版、２０１６年）という本の冒頭でこんなことを書いている。

「小学校の低学年の時『わたしたちのみたか』という授業で、『三鷹は東京のベッドタウンのひとつです』と先生が言ったのが、強く心に残っている。三鷹は『東京』ではない、という言い方だ。（略）東京というのは、新宿の向こうの二十三区のようなイメージがあった。ごくたまに両親とデパートに行くところだ。おでかけするところだ。」

氏は1958年生まれだから、小学校低学年は60年代半ばのこと。三鷹は50年に市になっていて「北多摩郡」は〝卒業〟しているのに、「自分たちは東京都の三多摩に属しているという意識が植えつけられていた」とも述べている。

三鷹が市になったのは、東久留米に比べ20年も早い。にもかかわらずこういう意識があるということは、旧北多摩の住民には「東京なのに東京でない」という意識が長い間共有されていたということではないだろうか。

こうした屈折した意識はかなり根深いと思われる。作家の三浦朱門の作品に『武蔵野インディアン』（81年刊、河出書房新社）という小説がある。この小説でいう「武蔵野インディアン」とは、東京以前から「先祖代々」この多摩地区に住み続けている人びとのことを指す。つまり「ネイティブ」な多摩住民のことで、屈折の度合いは高度経済成長に大量にやってきた新参者どころではない。小説の中でネイティブのひとりはこんな発言をしている。

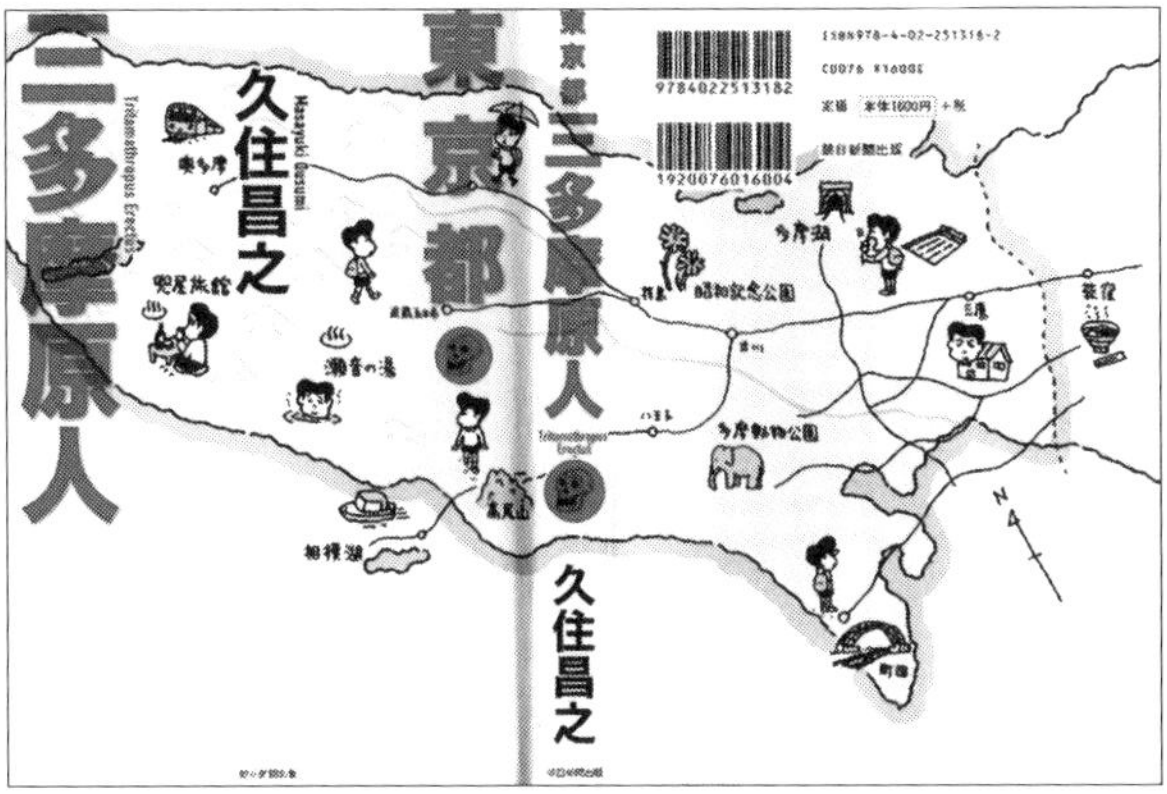

『東京都三多摩原人』のカバー。
三多摩のだいたいのエリアがわかるようになっている

「おい、日清戦争の前の年まで、今の東京都下は神奈川県だったのを知っているか。都内に対して都外というならわかる。都の外だから、なら、多摩県でもいい、神奈川県でもいい。しかし、都下という言い方、いかにも東京白人の発想だ。植民地扱いじゃないか」

というわけで、自分たちは「東京白人」に侵略された「武蔵野インディアン」だと主張する。多摩地域の「東京」コンプレックスは、明治時代までさかのぼるといえそうだ。

そもそも「三多摩は神奈川県だった」というエピソードは、先の『東京都三多摩原人』にも登場する。それが「三多摩格差」や三多摩の屈折した意識に直接つながっているかは疑問だが、この地域の古層には一筋縄ではいかない歴史が潜んでいる。

かつて三多摩は神奈川県だった

江戸時代から多摩地区にあった村々は、維新後、品川県に属した。1871（明治4）年に廃藩置県で品川県が廃止されると、多摩の村々は一時入間県の管轄となったが、翌年神奈川県に編入された。さきほどのネイティブ氏の言っていたことはこれである。

そして1878（明治11）年「郡区町村編制法」が施行され、多摩郡は四分割された。北・南・西の三つの多摩郡は神奈川県に、東多摩郡（中野など）は東京府に属するようになった。つまり北多摩郡は、誕生したときは神奈川県に属していたということである。この郡には郡役所も設置されていた（1926年に郡役所は廃止）。

東京府としては、江戸時代から東京の「水がめ」である三多摩が神奈川県に属しているのはおもしろくないわけで、東京に編入しようと画策していたようだ。しかし、これは神奈川県に反対されて、実現しなかった。

局面が変わったのは、1889（明治22）年、甲武鉄道（現在のJR中央線）が新宿から八王子まで開通したときだった。

これをきっかけにして、1893（明治26）年、三多摩を東京府に編入する法律案が帝国議会に提出され、僅差で可決成立、同年4月1日、三多摩地区は東京府に編入されたのである。

こうした動きのなかで意外なのは、保谷村が神奈川県の北多摩郡に入っていないことだ。保谷村は神奈川県ではなく埼玉県に属し、北多摩が東京府に移管した後、1907（明治40）年に東京府北多摩郡に編入されている。

地域内の「競争」？

北多摩内の村⇒町⇒市の変遷についてふれておこう。

田無が町になったのは1889（明治22）年で、三鷹が1940（昭和15）年だったのと比べても北多摩地区のなかでとびぬけて早い。これは鉄道網が発達するまで交通の要衝だった田無のポジションをあらわしていると思われる。

これが市制開始となると、三鷹は前述のとおり50（昭和25）年、田無は67（昭和42）年で圧倒的に差がついている。田無が町になった年に開業した中央線が田無を通らなかった影響は、こんなところにもあらわれているといえるだろう。

最後に北多摩北部の自治体が「町」になった順番を挙げる。

田無（1889）⇓武蔵野（1928）⇓保谷、三鷹（40）⇓東村山（42）⇓小平（44）⇓清瀬（54）⇓久留米（56）

次は「市」になった順。

武蔵野（47）⇓三鷹（50）⇓小平（62）⇓東村山（64）⇓田無、保谷（67）⇓清瀬、東久留米（70）

（杉山尚次）

【主な参考文献】

・「変貌―江戸から帝都そして首都へ」（国立公文書館公式ホームページ）
・『田無市史　第三巻　通史編』
・『保谷市史　通史編　3　近現代』
・各自治体の公式ホームページ

１９７３年

武蔵野線が運行開始

北多摩を南北に貫く鉄路の実現

東京外環鉄道への長い夢

武蔵野線開通（1973年、小平市立図書館所蔵）

１９７３（昭和48）年4月1日、ＪＲ武蔵野線が府中本町駅（東京都府中市）―新松戸駅（千葉県松戸市）間で運行開始された。東京・多摩地域から埼玉県へ南北に貫く鉄道はそれまでに無く、以前からの夢が実現した形だった。しかし当初は貨物輸送が主で、北多摩沿線住民からすれば西武鉄道との接続が不便な上、旅客用電車の本数も少なく恩恵は今一つだった。その後、首都圏の拡大に伴って鉄道インフラとしての重要性は急速に増し、本数や駅数の増加、他線との直通運転など利用客向けのサービスも徐々に向上して、今では地域にとってなくてはならぬ生活路線となった。

東京都心の環状鉄道として１９２５（大正14）年、山手線が運行開始された。直後からその外周に私鉄による環状路線を設ける「第2山手線」が構想された。当初の計画では大井町駅（品川区）を起点に、現在でいえば、馬込（大田区）─明大前（世田谷区）─中野（中野区）─西武新宿線・新井薬師（同）─西武池袋線・江古田（練馬区）─板橋（板橋区）─駒込（豊島区）を通り、東側は田端（北区）─北千住（荒川区）─向島（墨田区）を経て、洲崎（江東区）に至るはずだった。現在の環状7号線にほぼ相当するルートだ。

建設費捻出の問題や戦時体制へと移る中で計画は挫折したが、鉄道にせよ道路にせよ東京郊外を環状に走る交通インフラの整備は歴史的な課題だったことを物語っている。

武蔵野線は戦前から東海道本線方面と東北本線方面を結ぶ山手貨物線のバイパス路線として計画された。戦後は京浜工業地帯と京葉工業地帯とを連結させる目的も加わった。64年に日本鉄道建設公団によって工事が始まり、73年4月1日、府中本町─新松戸間（57・5キロ）が開業。その後76年3月1日に府中本町─鶴見（28・8キロ）が開業した。78年10月2日には新松戸─西船橋間（14・3キロ）が延伸し、88年12月1日、京葉線との直通運転を開始した。

73年開業当時の駅は17、通勤時間帯は15～20分間隔、日中は約40分間隔で運行していた。そのうち12駅には当時最新鋭だった自動改札機が設置され、10駅に自動精算機導入、4駅に定期券発行機を設置するなど、最先端設備の実験路線ともなった。貨物輸送のため、新座、越谷に年間150～200万トンの貨物を扱う貨物ターミナル駅も誕生した。

現在、武蔵野線は鶴見駅（横浜市鶴見区）から西船橋駅（千葉県船橋市）まで、東京都、埼玉県、千葉県を結ぶJR東日本の準環状線（100・6キロ）として運行されている。鶴見─府中本町間は武蔵野南線と呼ばれ、ほぼ貨物専用線になっており、府中本町─西船橋間は貨物・旅客の兼用路線だ。

必ずしも歓迎されなかった建設

北多摩地域を通る武蔵野線の建設は沿線地元からは必ずしも歓迎されなかった。特に東村山市では組織的な反対運動や市議会を巻き込んだ厳しい議論があったことが『東村山市史』に見えている。

日本鉄道建設公団は東村山市内部分の大部分を掘割方式で建設するという計画を示した。これに対し地元住民らから「騒音に悩まされる」などの反対意見が続出し、66年には「武蔵野線対策同志会」が組織されて反対運動に発展した。建設反対の陳情を受けて市議会でも議論が戦わされた。

その後条件闘争となり、東村山市内は全面地下方式とし、市内の設置駅を2カ所にするとの2点を条件に公団側との折衝が続けられ、68年4月、西武池袋線から新駅に接続する引き込み線の新設、地下路線の短縮と掘割式に変更の2点が公団側から打ち出された。

折衝と併行して続けられた地下工事の影響で道路陥没や地盤安定剤が井戸に混入するなどのトラブルが続発。公団側は対応に追われた。

このような紆余曲折を経て武蔵野西線は開通したが、その後武蔵野南線が開通すると貨物輸送が本格的に始まり、1日に173本の貨物列車が通過して東村山市秋津町を中心に騒音、振動等による公害が問題とされるようになった。この問題は国会でも取り上げられ、国鉄は新秋津駅から北の高架部分に防音壁を設けるなど対策を講ずることになった。

小平市でも小平市議会が対策特別委員会を設けて工事計画の検討と議論が交わされた。『小平市史』などには大きな反対運動は記されていない。しかし、開通後の1991年10月、台風21号による大雨のために新小平駅が水没する大規模な事故が発生、約2カ月にわたって西国分寺—新秋津間が不通となった。特に貨物輸送が寸断されたことにより50億円以上の被害が出た。周辺でも地盤陥没が発生して住民が一時避難する騒ぎになった。武蔵野れき層を流れる地下水の上昇圧力に耐えられなかったのが原因で、工事計画が甘かったとの反省がなされた。

沿線地元との微妙な関係

武蔵野線が通過する小平市、東村山市、清瀬市の計約10キロには新小平、新秋津と駅が2つあるが、いずれも西武鉄道とは接続していない。西武新宿線とは久米川駅付近で交差しても駅はできなかった。理由は諸説あるものの高額な建設費に見合うメリットが見いだせなかったのだろう。西武新宿線は全体としてＪＲ線と接続が悪く、西武鉄道が国鉄、ＪＲとの接続を嫌っているのではないかなどさまざまな憶測を生むことにもなった。

東村山市秋津町の掘割区間を走る武蔵野線（2023年4月）

同じように池袋線と交わる東村山市秋津町にできた新秋津駅は池袋線の秋津駅とホームや地下通路で接続することにはならなかった。これも理由ははっきりせず、旧国鉄側が断ったという説や、客足を奪われるとの懸念から地元商店主らが反対したとの説などがある。

「悪天候時には不便極まりない」と乗り換え客らからは悪評だったが、結果として約４００メートルの両駅間には飲食店などの商店が連なり、人気店も増えてにぎわうことになった。同市は現在、両駅を中心とした周辺地域を整備、再開発して活気づける計画を進めている。

最後に武蔵野線にまつわる個人的な思い出を一つ。１９８７年ごろの、ある日曜日のことだった。埼玉県三郷市の江戸川河川敷に作られた野球場で社内野球があり、自宅がある東村山市から参加しなければならなくなった。「さてどういう経路で向かえばいいのか」。私にとってなじみが薄かった武蔵野線を利用する手があることは最初分からなかった。貨物専用線で使い物にならないのでは、ぐらいに思っていた。

当日は自転車で新小平駅に行き、新松戸行に乗って50分、田園風景の中をひたすら走って到着した三郷駅は「とんでもなく遠くに来たな」というのが実感だった。人工的な光のほとんどなかった夜の高架区間では「銀河鉄道のようだった」と話す人もいる。

帰りの車内は、私と同じように草野球のユニフォーム姿のままのサラリーマンや行楽帰りの家族らが目立ち、都心の通勤電車とは違うリラックス感が漂っていた。さすがに缶ビールを開ける人は見なかったが。

（飯岡志郎）

【主な参考資料】
・『東村山市史 ２通史編　下巻』
・『小平市史　近現代編』
・『武蔵野線まるごと探見』（ＪＴＢパブリッシング）

1974年

小平・鈴木遺跡発掘

日本有数、旧石器の宝庫

偶然の発見から大遺跡が

発掘調査中の鈴木遺跡（小平市教育委員会提供）

１９７４（昭和49）年、小平市立鈴木小学校の建設現場から後期旧石器時代の大遺跡が見つかった。戦前まで日本には旧石器遺跡はないと考えられていたが１９４６年、群馬県で岩宿遺跡が発見されて以来全国で発掘が相次ぎ、そのうち鈴木遺跡は総面積23万平方メートルに及ぶ規模の大きさ、遺跡が示す年代の長さ、石器の豊富さなどで有数とされる。

もともと武蔵野台地は自然の川が少ない上、近世以降の土地利用による変化が激しく、特に戦後は住宅地化が進んだことから、大規模な発掘成果はそれほど期待されていなかった。

74年6月、小平市鈴木町の鈴木小学校建設現場で偶然江戸時代の水車跡が見つかったため専門家に相談。以前に付近で石器が出土し「回田《めぐりた》遺跡」と呼ばれていたことから念のため試掘が行われた結果、遺跡の存在が確認され、本調査に移行した。

この調査によって、予想をはるかに超えた大規模で内容豊かな後期旧石器時代の大遺跡であることが確認され、あらためて「鈴木遺跡」と名付けられた。2019年までの45年間にのべ80カ所以上で発掘調査が行われ、石器だけでも4万点以上出土するなどの発掘成果が積み重ねられた。

日本の旧石器時代は縄文時代に先立つ3万8000年前から1万6000年前までの約2万2000年間続いたと考えられている。鈴木遺跡の場所は現代の石神井川の水源を取り囲むように位置しており、当時の寒冷な気候の中で人々の生活、食糧確保、交流などに適した環境が長期にわたって保たれていた。

出土した石斧類(鈴木遺跡資料館で)

鈴木遺跡発掘調査の結果、関東ローム層最上層の旧石器時代の堆積からさまざまな石器が出土した。特に打製や、刃に当たる部分を研いで鋭くした局部磨製の石斧《せきふ》類が代表的で、石斧は全国的にも出土例が少ないにもかかわらず鈴木遺跡では22点も見つかっている。

また、割れ口が鋭くナイフやかみそりのような刃物として使える石器の材料となる黒曜石が大量に見つかったことも特徴の一つ。化学的調査から材料原産地が長野県、静岡県、栃木県のほか遠く海を隔てた伊豆諸島・神津島にも及んでいることが分かった。石器材料の集散、交易、加工の地としての役割が大きかったことが考えられる。

広大な遺跡保存区を計画

小平市鈴木遺跡資料館によると、旧石器時代のこの地域は水が得られる貴重な場所としてさまざまなグループの人々が生活し、物資の集散、交流などのセンターのようなイメージだったと想像されるが、定住した痕跡は見つかっていない。大型動物の捕獲、解体処理、調理が盛んに行われたことも石器の種類から推定される。そのような営みが2万年以上にわたり連綿と続いたことを明確にたどることができるのも他の国内の旧石器遺跡に見られない特徴になっている。

旧石器時代に続く縄文時代に入ると、鈴木遺跡では少数の土器片、石器などは出土するものの竪穴住居などの居住痕跡は見つかっていない。石神井川の水源が東に移動し環境が変化したためだと考えられている。ずっと後の江戸時代になって水利施設が整備されるまで、この地は人の居住に適さなかったらしい。しかし、イノシシやシカを捕らえるための落とし穴跡などが見つかっており、狩り場として盛んに利用されていたことを物語っている。

鈴木遺跡は2012年3月、東京都指定史跡となり、21年3月には国の史跡に指定された。これを受けて小平市は史跡保存の取り組みを進めている。遺跡の中心部に当たる広大な敷地にはもともと農林中央金庫小金井研修所があり、研修所の廃止に伴い売却と宅地開発が計画されていた。

遺跡保存の観点から粘り強い交渉が進められた結果、旧石器が濃密に埋蔵されていることが予測される北半分の用地が市に寄贈された。今後数年をかけて遺跡保存区として整備する計画だ。発掘技術が進歩した上で調査が再開されればまた驚くような発見があるかもしれない。

石神井川がはぐくんだ生活と文化

北多摩の遺跡調査と保存は急速な都市化、宅地化や予算不足と闘いながら進められてきたのが実情だったが、近年になって地元の貴重な文化、教育、観光資源として積極的に整備・活用する機運が生まれた。

その中で、小平市を水源とする石神井川は武蔵野台地を流れる数少ない自然河川として人々の生活、文化と歴史をはぐくみ続けた。鈴木遺跡の東約5キロ、西東京市では以前から約5000年前から4000年前の縄文中期の環状集落を最大の特徴とする遺跡が発見されており、1973年からの本格調査で下野《したの》谷《や》遺跡と名付けられた。流域の拠点集落として、南関東で傑出した規模と内容を誇っている。

下野谷遺跡も2007年に一部公有地化して縄文住居などを再現した公園を整備、地下の遺跡は保護されて15年には国の史跡となった。西東京市は毎年、縄文体験ができるイベントを実施するなどして普及に努めている。

石神井川流域にはここから下流側にも豊かな遺跡群が広がっており、今後、遺跡の一体的調査や研究交流の発展も期待される。

（飯岡志郎）

【主な参考資料】
・小平市教育委員会編『旧石器時代の鈴木遺跡』（2021）
・日本列島の旧石器時代遺跡（日本旧石器学会ホームページ）
・鈴木遺跡の「発見」（小平市公式ホームページ）
・下野谷遺跡（西東京市公式ホームページ）

1977年
清瀬に気象衛星センター
「ひまわり」画像処理しデータ提供

旧海軍通信所から気象観測の拠点へ

1977（昭和52）年4月、清瀬市にある気象通信所が廃止され、新たに静止気象衛星運用を目的とした気象衛星センターが発足した。さまざまな技術革新を経て精密な気象観測、予報になくてはならない中心施設となっている一方、地元との結びつきも強まっている。

施設の元々の前身は清瀬市の隣の埼玉県新座市を中心とした敷地にあった旧海軍の大和田通信隊。その分室が清瀬の気象衛星センターの場所にあった。戦後は大和田気象通信所と改称されたが、米軍に接収されることになったため1950年、気象通信所は清瀬分室に移転した。

気象衛星で宇宙から得たデータを通じて観測や情報提供する時代がやってくると、日本でもデータを処理するための施設が必要となった。68年、米国の極軌道気象衛星ESSA－6号の地球画像データ受信を開始した。日本も独自の静止気象衛星を打ち上げることになり、そのデータ処理センターが必要となったため、気象庁は立地上さまざまな条件が合う清瀬に「気象衛星センター」を設置することを決めた。

77年7月14日、初の気象衛星「ひまわり」が米国・ケネディ宇宙センターから打ち上げられた。ひまわりから送られる画像データは衛星センターの付属施設、埼玉県鳩山町の「気象衛星通信所」が受け取り、衛星センターで処理して国内外の関係先に伝達される。同年9月3日、最初の試験画像取得に成功して、精密な気象観測や予報が可能になった。

この時のエピソードとして気象観測業務に長く携わった古川武彦氏は著書『気象庁物語』で「現れた画像は、どうにもぼんやりした画像で、丸い地球が白くお化けのように映し出されているだけであった。これが今も衛星関係者の間で語りつがれている『お化け』である」と記している。画像取得ソフトの一部不具合が原因と分かり、修正の結果くっきりとした画像が得られたという。

飛躍的に向上した観測性能

静止気象衛星は赤道上約3万6000キロの軌道上で地球の自転と同じ周回軌道を持つため、地球上からは静止して見える。地球表面の約3分の1を視野に収めて気象に関連したさまざまなデータを安定して得られる。一方、極軌道気象衛星は南北の極付近を通り、低高度、短周期で地球を南北方向に周回する。高解像度の画像が得られるが、観測範囲は狭くなる。静止衛星では観測が難しい高緯度の極地方観測が可能になる。

現在、「ひまわり8号・9号」の2機体制で2029年までの衛星観測を行っている。ひまわり8号は最先端の観

ひまわり8号・9号のイラスト
(気象衛星センター公式ホームページより)

気象衛星センターの航空写真（1977年）
＝同センター公式ホームページより

測技術を持つ可視赤外放射計を搭載して14年10月打ち上げられ、15年7月から正式運用を開始。同9号は8号が障害を起こした場合は代替運用するために16年11月に打ち上げ、17年3月に待機運用を開始。22年12月13日には8号に替わってメーンでの運用が始まった。ひまわり6号・7号に比べて観測頻度が飛躍的に高まったことで、刻々と変化する台風や火山などの動きをより精密にとらえられるようになった。

歴代のひまわりの改良により観測カメラの性能が飛躍的に向上した。人間でいうと目に当たるバンド数が、ひまわり初号機～4号までは、可視・赤外の2つだったが、ひまわり8・9号では16に増えた。また1時間で、何回地球の写真が撮れるかという観測頻度レースが向上し、地上のシステム（スパコン）の処理能力にも大きく寄与した。さらに、人間の視力に当たる分解能も向上した。

ひまわりは大きく分けて可視光線と赤外線で観測し、得られたデータから、画像を作成、海面水温データの作成や黄砂情報の作成などを行っている。また、太平洋上に設置された無人の潮位計や島などに設置された自動地上観測機器から送られたデータを受信し、配信する機能もある。

ひまわりの観測データは、日本はもとより、海外の気象機関で幅広く利用されている。国内では、気象庁内はもとより、気象業務支援センター、国土交通省、防衛省や大学などの研究機関などにも配信。一般利用としては気象庁ホームページでも画像を配信している。

膨大なデータを処理して、より正確な予報に結び付けるためには高い処理能力を持ったコンピューターが必要になる。気象衛星センターには1959年に導入された「IBM704」以来11代目となるスーパーコンピューターが2024年に設置された。

拡大する役割、地元との交流も

2022年度末から、ひまわり10号の整備が始まった。ひまわり10号では、「赤外サウンダー」という大気を鉛直方向に観測できる機器が追加される計画で、台風や線状降水帯の予測精度の向上が期待される。また、国際協力として、現在のひまわり8・9号では、北極から南極までの全球観測のほか、指定した狭い領域を観測する機能も持っており、北半球の台風を2・5分間隔で観測している。この機能を利用して、「ひまわりリクエスト」として、海外の気象機関（オーストラリアなど）の要請があれば、南半球の台風について2・5分間隔の観測を行い、データを提供している。2019年から2020年、オーストラリアで発生した大規模な山火事では、同国の要請により、山火事の2・5分観測を実施し、火元の特定や煙の流れる方向の観測などに利用されたという。

1950年に気象通信所が清瀬に開所したころ、殺風景な施設に潤いを与えようとしたのか、職員が100本近い桜を植え、桜の名所のようになっていた。77年の気象衛星センター設立に当たってはこの桜を守るため建物の配置を考慮したり、移植したりしたという。大きく育った桜は気象衛星センターの象徴であると同時に、周囲が住宅や公園に囲まれるようになった今、住民の心を癒す存在となっている。

また「ひまわり」をキーワードに、清瀬市と気象衛星センターの絆も深まっている。センター前を通る道路は1980年「ひまわり通り」と命名。さらに、通り沿いにある広大な農地を利用した「ひまわりフェスティバル」が2008年始まった。10万本のひまわりが咲き乱れる風景を楽しもうと全国から数10万人が押し掛ける人気のイベントとなり、新型コロナ感染症の影響による3年間の中止を経て2023年復活した。

気象衛星センターもこれに呼応して地元との交流に努め、コロナ禍明けの23年、団体の見学受け入れ再開を決定。フェスティバル期間中の7月22日と24日にはセンター内で小学校高学年の児童を対象に「清瀬子ども大学・気象の部」が清瀬市の主催で開かれた。

（飯岡志郎）

【主な参考資料】

・気象衛星センター「基礎資料」（気象衛星センター公式ホームページ）
・古川武彦『気象庁物語』（中公新書）
・市史編さん草子「市史で候」（清瀬市公式ホームページ）

1979年

西武ライオンズが所沢にやってきた

球団と西武グループ、沿線住民をめぐるミニストーリー

開幕12連敗

西武鉄道グループが、低迷していた福岡のクラウンライターライオンズを買収、「西武ライオンズ」（現埼玉西武ライオンズ）とし、本拠地も埼玉県所沢市に移すことを発表したのが1978年10月のこと。そして翌79年4月14日、新球団の新たなホームグラウンド「西武球場」（現ベルーナドーム）のこけら落としゲームが開催された。これは日本のプロ野球にとって大きな意味をもつ出来事だった。同時に、西武線沿線にプロ野球のチームがやってきたことは、その住民にとって野球にとどまらない文化的意味があったといえる。それから40数年、西武ライオンズをめぐるあれこれの事象を記してみた。

初年度の〝西武〟は弱かった。新球団編成にあたり、阪神から田淵幸一、ロッテから野村克也と山崎裕之を獲得するなど話題性は抜群。監督は、後にチームの編成に辣腕を振るい「球界の寝業師」の異名をとることになる根本陸夫だったが、名前だけで勝てるほど野球は甘くないということだろう。近鉄を相手にした4月7日の初ゲームはエース東尾修を立てたが、0‐3で落とした。その後も勝てない。5連敗という状態で、本拠地初となるゲームを迎えなければならなかった。

西武ライオンズ球場は3月31日に完成したばかり。4月14日、球場初ゲームの始球式は福田赳夫元首相

屋根がなかった時代の西武球場。1993年10月23日、日本シリーズ第1戦（西武－ヤクルト）。外野スタンドは芝生席（天然芝）だった

である。球団オーナーである国土計画（現コクド）の堤義明社長（当時）と福田元首相はひじょうに近しい間柄だったらしく、そのへんでの〝起用〟かと思われる。

対戦相手は日本ハムだったが、この日も1対7で完敗。さらに連敗のトンネルは続く。結局2つの引き分けを挟んで12連敗を喫した後、4月24日の西武球場。南海を相手に4－2、やっとのことで球団初の勝利を挙げた。本拠地での初勝利でもあった。勝ち投手はルーキーの松沼博久（弟も同時入団したため「アニヤン」と呼ばれた）。しかし、次の日は敗れ、この4月は3勝15敗2分に終わっている。

という滑り出しだったため、西武ライオンズの初年度はリーグ最下位に沈んだ。翌年、翌々年はどちらも4位だった。

西武線沿線に根付く

にもかかわらず、西武ライオンズは西武鉄道沿線に浸透していった。ベースには西武グループの企業戦略があっただろうし、この球団のイメージは斬新だったともいえる。

西武が属する当時のパ・リーグは、人気の上でセ・リーグにかなりの差をつけられていた。在京パ・

リーグの日本ハムは後楽園球場をフランチャイズとするものの、巨人の〝ウラ〟的イメージがつきまとっていた。ロッテも人気があるとはいえなかった。同球団が本拠地とする川崎球場では、閑古鳥が鳴く外野席でカップルが試合を無視していちゃつく姿がテレビ（「好・珍プレー集」など）で何度も放映されたりして、散々な扱いをされていた。

そんな状況を、正面から変えようとする〝本気〟が見えるような球団の誕生だった、と今はいえる。当然のことながら、球場へのアクセスが整備された。西武線沿線の小学生が遠足で行ったある種のテーマパーク「ユネスコ村」や狭山湖の入り口だった「狭山湖駅」は「西武球場前駅」となり、利便性が増した。

広報にも力が入っていた。駅など鉄道関連施設のいたるところに球団のポスターが貼られた。とくに印象深かったのは、勝ちゲームの翌日、スポーツ紙の1面のような中吊りが電車内に掲示されたことだ。テレビもスポーツ紙も巨人中心、パ・リーグの試合の〝動画〟は「プロ野球ニュース」くらいしか見られなかった時代に、ライオンズが勝つと西武線では毎回〝1面〟扱いだったのだ。

ファンクラブの組織化も大々的におこなわれていたようだ。ライオンズ誕生の79年、東村山市で小学5年生だった友人は、その前の年からファンクラブの募集が始まったこと、年会費（記憶によると中学生までの子どもは2000円、現在も小学生以下は税込2200円）を払うと、西武球場の試合は全試合無料でグッズもついたこと、そしてそれまでクラスのほとんどが、巨人の黒いGYマークのキャップをかぶっていたのが、ライオンズのブルーのキャップに替わったことを教えてくれた。なるほど子どもを〝味方〟につければ、親が引率せざるをえないから、効果も大きいというわけだ。

黄金期を迎える

初めの3年はパッとしなかったライオンズだが、4年目の82年、根本陸夫は監督から管理部長に転ずると、その本領を発揮する。管理部長は実質的に今日のゼネラルマネージャー（GM）であり、監督を含むチーム編成全体を統括した。長い間低迷していたヤクルトを初の日本一に導き〝管理野球〟でその名を馳せた広岡達朗を監督に招へいし、森祇晶をヘッドコーチに据えた。その結果は日本一。

このときから〝常勝西武〟は始まった。85年までの広岡監督時代と後を継いだ森監督時代（94年まで）の13年間で、日本一8回、リーグ優勝を逃したのは2年しかない。巨人のV9に匹敵する長期の黄金期といっていいだろう。

毎年のように秋になると、西武沿線の駅周辺では松崎しげるが歌うチーム応援歌が流れ、「西武優勝セール」がおこなわれていた。西武グループという企業にとって、ライオンズという〝広告塔〟の効果は絶大だったはずだ。

西武は、球団買収時の思惑どおり球界の盟主を争う存在になり、日本社会をリードするような企業になっていった。

西武線沿線の住人は、西武鉄道や西武バスに乗って都心の会社に通い、日々の買い物は地元の西友ストア、休日は池袋の西武デパートやパルコ、あるいは豊島園や西武園ゆうえんちにでかけ、遠足は飯能や秩父。ここに西武球場での野球観戦が加わる。……西武という企業にはそんな目論見があったのかもしれない。しかし、経済成長期の昭和の世ならいざしらず、現在ではこれは戯画にしかなっていない。消費者はもっと多様な生活スタイルだし、プロ野球球団は企業のたんなる〝広告塔〟ではない。

球団は誰のものか

西武の黄金期にはすでに、日本のプロ野球は球団を所有する親会社の意向が強く、球団としての自立性に欠ける、つまり球団＝広告塔への批判があった。Jリーグは、フランチャイズ制の徹底、チーム名にスポンサー企業名を入れないなど、プロ野球を反面教師にして誕生した、ともいわれた。それでもプロ野球の盟主たちは、球界は自分たちの思い通りに運営できると考えていたに違いない。

それが顕著になったのは、２００４年の球界再編騒動のときだった。球界のオーナーたちは、自分たちにとって都合のいい日本球界にすべく、合併によってチームを整理し、１リーグ制による球界再編を強行しようとした。これに選手は猛反発し、労働組合でもある日本プロ野球選手会はストライキを決行、ファンやほとんどのマスコミもこれを支持し、２リーグ制は維持された。

このとき、「球団はだれのものか」という議論があった。無知な大衆に正解を教えてやるという態度で「球団は株主のものである」とうそぶいた弁護士がいた。これはオーナーたちの意向を代弁するだけの意見にすぎないのだが、こうした新自由主義的発想はこのころから幅をきかせてきたともいえる。たしかに球団は株主のものでもあるが、選手やスタッフなどそこで働く人のものでもあるし、社会的な文化財としてファンのものでもある。それぞれの球団は、オーナーの〝私物〟ではないし、〝広告塔〟以上の存在であることが示された出来事だったと思う。

オーナーたちは、このことを理解せざるをえなかったのではないか。球団は自分たちの思惑以上に社会的な存在であり、それを支える人々にそっぽを向かれることは、ひいては自分たちの本業そのものを危うくしかねない。広告塔は諸刃の剣なのだ。ごり押しは引っ込められた。

ライオンズの選手をラッピングした電車
（2023 年、西武池袋線ひばりヶ丘駅）

かくして、プロ野球球団も地域密着を標榜するようになり、西武ライオンズは２００８年から、埼玉西武ライオンズと改称された。

企業に栄枯盛衰はつきもの。西武グループは〝総帥〟が失脚したこともあり、かつての勢いはないようにみえる。ライオンズは常勝とはいかないものの、そこそこの強さのチームになって現在にいたる、といえよう。

それにしてもストから約20年、権力者たちの横暴に声を挙げて抗議し、それを撤回させた記憶は、すっかり遠くなってしまったように思うのは筆者だけだろうか。

（杉山尚次）

【主な参考資料】
・埼玉西武ライオンズ（公式ホームページ）
・『プロ野球「毎日が名勝負」読本』（２００１年、彩流社）

１９８１年

清瀬水再生センターが稼働

９市の下水道処理を一手に引き受け

60年前、生活空間は臭かった

清瀬水再生センターの汚泥焼却施設。右端が世界初の下水汚泥ガス化炉

１９８１（昭和56）年11月、清瀬市で東京都下水道局の下水道処理施設「清瀬水再生センター」が運転開始した。清瀬、西東京、東久留米、小平、東村山、東大和、武蔵村山、小金井、武蔵野９市にまたがる地域の下水を集めて浄化し、荒川水系の柳瀬川に放流する。遅れていた北多摩地域の流域下水道事業はこれにより近代化が完成し、その後世界初といわれる下水汚泥ガス化炉施設も稼働した。施設上部はスポーツセンターとして市民の交流の場にもなっており、95年開館の「小平市ふれあい下水道館」とともに地元にさまざまなサービスを提供している。

少々気が引けるが、筆者が保谷町（現西東京市）で小学生だった１９５０年代後半から60年代前半ごろの思い出を書く。放課後に友達と遊びまわっていた学校周辺には野菜畑が広がり、下肥の貯蔵槽「肥だめ」が点在していた。これをひしゃくでまくわけだから当然周囲に異臭が漂う。これを「田舎の香水」と呼んでいた。

それだけならいいが、夢中で走り回っていてうっかり落ち込むという悲劇が時々生まれる。ふたできっちり覆うこともなく、肥だめにヨシズか何かを斜めに差しかけただけの畑は危険がいっぱいだったのだ。

住んでいた木造平屋の都営住宅のトイレは汲み取り式で、定期的にバキュームカーがやってきて太いホースを便槽に突っ込み、し尿を吸い上げていた。作業が終わると母親が「ご苦労さま」と言って代金を払っていた。空っぽになったトイレは気分的にすっきりしたが、汲み取り後のトイレはなぜか臭気がひどかった。

小学校か地域の特別企画だったと思うが、親子参加の都内見学があった。東京湾のお台場（もちろん今のような近未来的開発地区になるずっと前だ）を周遊する船に子どもも母親たちも大喜び。湾を行きかうさまざまな船の中に青く塗装した大きめのスマートな船があった。「あれはどこに行く船？」。もしかしたらハワイあたりに行く定期船かも、とロマンチックな気分になったが「あれはし尿を捨てに行く船です」と説明を受けて、しらけた空気が流れた。「そんなこと（海洋投棄）をしてもいいのかな」と子ども心に疑問に思ったものだ。

いつからか生活空間に「臭気」が漂うことはなくなり衛生環境は劇的に改善された。動物としての人間の営みが変わらない中で、このような激変がもたらされた大きな理由は下水道の普及だった。

遅れを逆手に先進施設へ

戦後の急速な都市化、工業化で河川の汚染はピークに達し、1961年からは隅田川の花火大会も中止になった（78年に復活）。64年に東京オリンピックが開催されることになり、先進国並みの下水道整備が急がれた。しかしあくまでも23区優先で多摩地区は後回しの形になった。

下水道には合流式と分流式があり、23区はほとんどで雨水と生活排水を一緒に集めて処理する合流式を採用、計13カ所の処理場を建設した。分流式は処理水量を削減できるメリットがある一方、配管工事に費用、手間、時間がかかるため早期完成を優先したといわれる。60年代に35％程度だった下水道の普及率は80年代になって80％を超えた。

多摩地区の流域下水道もその後整備が進み、多摩川両岸に6カ所の処理場が建設された。北多摩北部は荒川水系の柳瀬川に処理水を放出する計画を立て、81年11月清瀬水再生センターの稼働にこぎつけた。同センターは清瀬、東村山、西東京、東久留米、東大和の大部分と小平、武蔵村山、小金井、武蔵野の一部をカバーし、分流式を採用した。敷地面積は東京ドームの5倍に近い約21万2000平方メートル、年間受水量8400万立方メートル、処理汚泥量6万8600トンで、住民約71万人がお世話になっている。

2010年には世界初となる下水汚泥ガス化炉施設が稼働を開始した。汚泥を蒸し焼きにして可燃性のガスを生成させ、強力な温室効果ガスであるN_2O（一酸化二窒素）の発生量を抑制するとともに、発電を行って必要電力の一部を賄っている。汚泥の約半分は焼却するが、残りの1日100トン分をガス化炉で処理する。焼却灰はほぼ100％を建築材料などにして資源化している。

域内各地からセンターに到着した下水はまず沈砂池に入る。ここで大きな異物や土砂を沈殿させた後、第1沈殿池へ。さらに反応槽といわれる水槽で待ち構えるのが多くの種類の微生物だ。有機物を活発に分解し沈殿させることにより劇的に水質を浄化する。さらに第2沈殿池へと入り、汚れの塊を沈めて見た目にも清らかな水に再生する。

浄化された水をためる第2沈殿池

その後、塩素を適量投入して排水口からセンター北側を流れる柳瀬川へ。要するに水浄化の立役者は微生物を主役として、重力、塩素が脇役を務めているわけだ。

排出された水はやや温水で、えさとなる微生物も含まれているため魚が集まり、人気の釣りスポットになっている。以前はどぶ川同然だったという柳瀬川も、今では季節に応じコイ、ブラックバスのほか、アユを狙う釣り人の姿も見られる。センターの職員によると、第2沈殿池に熱帯魚のグッピーがいつの間にか繁殖していたこともあったという。

とはいえ「なぜ清瀬が9市もの下水を引き受けなければならないのか」という不満が出ることも考えられ、地元へのサービスには力を入れている。施設上部の空間にはサッカー場、野球場などのスポーツ施設「清瀬内山運動公園」が整備され、市民の利用に供されている。また敷地内ではお花見イベントが開かれるほか、ビワ、ブルーベリー、栗、梅などを市民ボランティアが中心になって栽培する果樹園もある。

下水道普及100％達成のモニュメント

小平市は1991年3月に汚水整備率100％を達成した。『小平市史』によると全国3293自治体の中で13番目という早さだった。それを記念して「小平市ふれあい下水道館」が約30億円をかけて建設された。95年10月開館した地上2階、地下5階の館内には下水道の仕組みと歴史、「小平の水環境」などが分かりやすく展示され、2022年にはコロナ下にもかかわらず約2万4000人が訪れたという。「市長の〝鶴の一声〟とかではなく、熱心で粘り強い市職員たちの努力のお陰で、苦しい予算の中で完成させたと聞いています。地元の小中学生の学びの場にもなっているし、さまざまなイベントなどを通じて市民の下水道事業への理解を増進するのにも役立っています」と館員は胸を張る。

館の真下を流れる下水管「小川幹線」内に実際に入れる、他ではなかなか味わえない「体験」ができるのが最大の特徴だ。小川幹線は小平市の約4分の1の面積の下水を集めて南流し、約3時間かけて多摩川沿岸の北多摩第1処理所に導く。

地下25メートルの下水管内を見学した。内径4・5メートルの管下部を黄土色の下水がかなりのスピードで流れている。覚悟はしていたものの相当の臭気で、管内に差し渡した橋の上に立って長く眺めるのはつらい。慣れていない子どもたちなどには衝撃かもしれない。しかし「田舎の香水」の記憶が残るわが世代にとっては、懐かしさとともに一種のありがたささえ感じられた。

（飯岡志郎）

【主な参考資料】
・「東京都の下水道2022」（東京都下水道局公式ホームページ）
・「地域で育む水環境　清瀬水再生センター」（見学パンフレット）
・『小平市史　近現代編』
・『東村山市史　2　通史編　下巻』

【エッセイ】

武蔵野・永遠のふるさと

写真家・飯島幸永

戦後、開発の波に現れてきた北多摩地域には今も雑木林や畑地が点在し、武蔵野の風景のなごりをとどめている。長くこの地に暮らし、「風土と人間」をテーマに作品を撮り続けてきた写真家の飯島幸永さんが武蔵野の四季を捉えた写真に併せて心のふるさとへの思いをつづる（写真はいずれも1981年ごろに撮影）。

玉川上水の水を風呂に

私は江東区の下町に生まれ、高校2年まで暮らした。台風の季節になるとよく水害に見舞われる一帯で、河川が決壊して床上まで浸水し家財一切を高く積み上げた経験が2度ある。そんなこともあり、両親と子ども4人の一家は小金井市の小金井公園近く、玉川上水が目の前を流れる土地を買い2階建ての木造家屋を新築して引っ越してきた。1959（昭和34）年の春で16歳だった。

ここから1年間、両国にある高校に通った。下町育ちの私は環境の変化に戸惑いながらも次第に畑と雑木林が広がる新天地が身近になっていった。国木田独歩の「武蔵野」を読み、万葉集にもうたわれていると知ったことでも強い郷愁を覚えた。我が家はその「武蔵野」に登場する桜橋に近く、たもとにある文学碑を読んで、「独歩が歩いたのはこの橋なのか」と感激したりもした。

小金井公園の夏休み

その頃の玉川上水は木々が鬱蒼と茂って薄暗く、たっぷりとした水が滔々と流れていた。その水をバケツでくみ上げ、我が家の風呂水としてしばしば使った。春には堤の桜並木が見事に開花し、家の前を散策する人が行き交った。

当時、自転車がもっぱら私の足だった。小金井公園には足繁く通った。春にはソメイヨシノ、山桜、里桜などの花の賑わいと芽吹きや瑞々しい新緑の雑木林。夏にはセミの合唱に囲まれてのリスや小鳥との出会い。秋は絢爛たる紅葉に心奪われ、冬は落ち葉を踏みしめる乾いた音や肌刺す冷たい空気、どの季節も私の心を満たしてくれた。

自転車で小平方面にも出かけた。「秩父おろし」で知られる冷たい風をよけるためのケヤキに囲まれた旧家の屋敷なども武蔵野の代表的風景だが、買ってもらったカメラのレンズを手当たり次第に向けたものだ。武蔵野の空気と水、風、花、風物、あらゆるものが自然に体に馴染んでいった。

消え残る風情、心の滋養

余談だが、作家の太宰治が愛人と入水心中した玉川上水、三鷹付近の現場写真が掲載されている新聞記事を最近目にした。この事件のことは知っていたが、引き揚げられた太宰の遺体がコートで隠されていたものの足が見えていて、周囲に警官と野次馬がいるリアルな写真だった。私は太宰の「津軽」を読んだのがきっかけで、今も津軽の風土を撮影対象として取り組んでいるが、その意味で太宰は切り離せない。屈折した作家の無惨な姿に「なぜ上水を選んだのか」と問い掛けながら写真に釘付けになった。「武蔵野」という響きが、ロマンと死に誘う何かがあるような気がしてならない。

その後、写真学校を出てから写真家杉山吉良の助手になり、小金井の自宅から先生の事務所がある銀座に電車で8年間通い、フリーになってからも小金井に住み続けた。その頃油絵も勉強していたので、日曜になると小金井公園の雑木林に入り一日中絵筆を執った。また、平林寺近くにある野火止用水やお鷹の道、農家の収穫風景、深大寺、正福寺、狭山湖などをカメラに収め、発表することもなく一人楽しんでいた。

大根の収穫（西東京）

この40年余りで武蔵野の自然も宅地造成などのため破壊され大きく変貌してしまった。ケヤキ並木、ナラやクヌギの林、ススキのそよぎ、小鳥のさえずりまで「かつて」の情景になり、過去の思い出になってしまった。広大な畑は宅地化で消えていった。

しかし武蔵野の代表的イメージであり、ロマンを駆り立てて止まない雑木林に沈む落日の風景は今でもそこかしこに残り、散策の友になっている。齢80になった私の住まい近くには狭山丘陵があり、たまには雑木林に入って葉音や鳥の鳴き声を耳にして心の滋養にしている。武蔵野は私にとって永遠の心のふるさとなのである。

武蔵野の木立を散歩する

1984年

小平に平櫛田中の美術館

最晩年過ごした家に入魂の木彫作品

1984年10月、日本を代表する木彫作家の1人、平櫛田中《ひらくしでんちゅう》の美術館が小平市にオープンした。小平市学園西町は田中が最晩年に暮らした地。玉川上水のほとり、静かな住宅地に建つ住居兼アトリエをそのままに小平市平櫛田中館として開館、94年に展示館を新設し、2006年4月、小平市平櫛田中彫刻美術館と改称して現在に至っている。こぢんまりとした空間に木彫、ブロンズ作品や書、ゆかりの品々を収め、北多摩地域には珍しい市立美術館だ。

彫刻への情熱、高い精神性

平櫛田中は1872（明治5）年、現在の岡山県井原市に生まれた。戸籍の上では父は片山理喜助、母多計の長男となっているが、田中本人はその出自に懐疑的だったといい、はっきりしたことは分からない。1歳で田中謙造、以和の養子になり、11歳で現在の広島県福山市の平櫛家に養子に入った。平櫛田中は両家の苗字から取っている。尋常高等小学校を卒業すると尾道まで往復して英語を学んだ。向学心旺盛な少年だったという。15歳で大阪・心斎橋の西洋小間物問屋に丁稚奉公した。

彫刻や造形に強い興味を抱き、22歳の時に大阪の人形師、中谷省古のもとで彫刻の手ほどきを受けた。26歳で上京し、彫刻家、高村光雲に入門して本格的な修業を始めた。

彫刻への情熱は増すばかりで、木彫の制作に打ち込んだ。30歳で日本美術協会春季展覧会に初めて出品した「唱歌君ヶ代」が入賞して宮内省買い上げになるが、その後は作品が売れず、貧しい暮らしが続いた。37歳で岡倉天心が会頭を務める日本彫刻会に入会。天心の薫陶を受け天性の才能を磨いた。一方で臨済宗の禅僧に影響を受けて、仏教の世界に深く傾倒して内面を耕した。

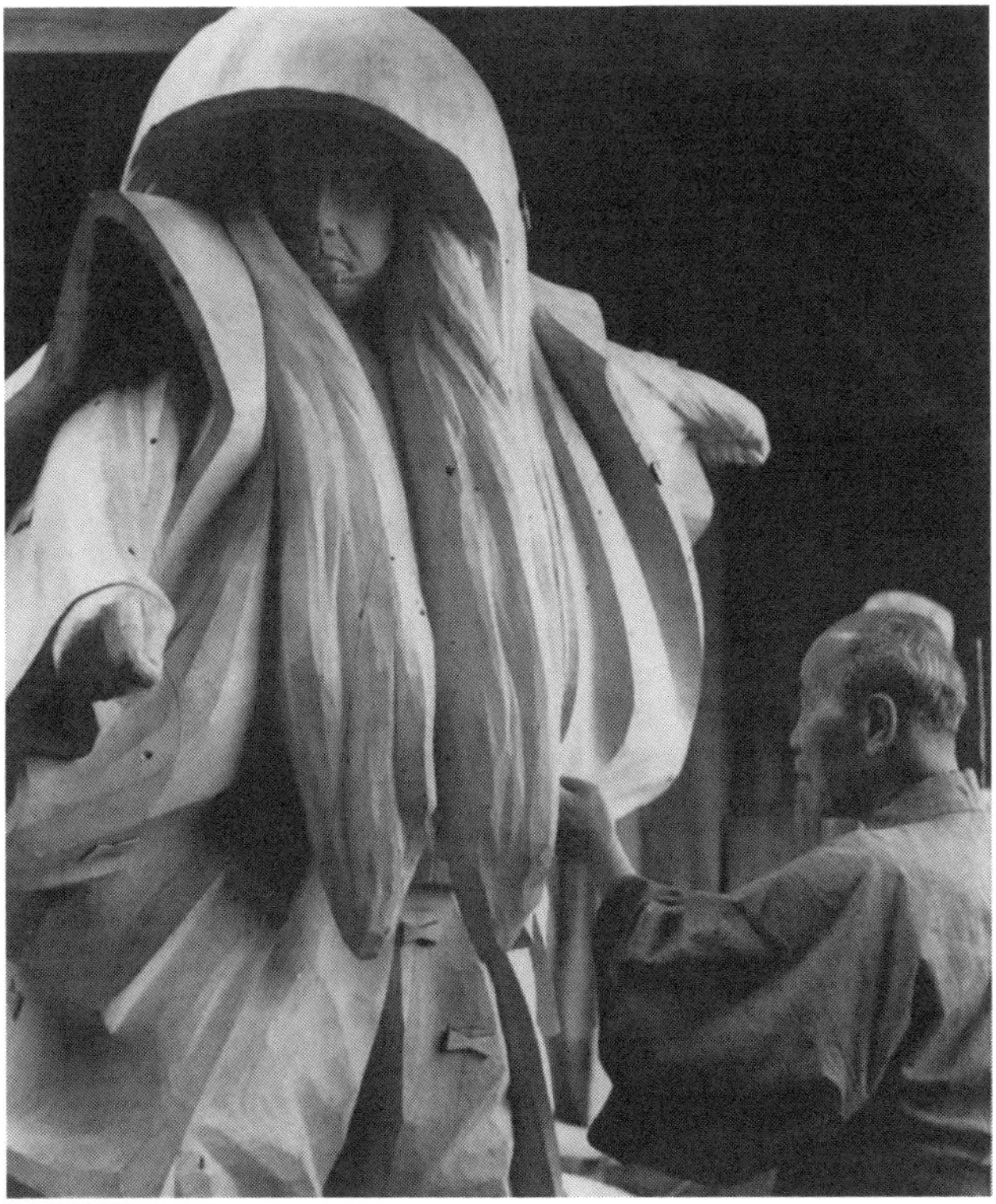

「鏡獅子」制作中の平櫛田中（小平市平櫛田中彫刻美術館提供）

仏像や仏教説話、中世の説話などを題材にした精神性の高い作品を数多く手掛け、大正時代に入るとモデルを使った人物造形にも取り組んだ。平櫛作品の顕著な特徴として伝統と現代の融合を試み、当時はタブーとされていた彩色作品にも挑んだ。

1936年に制作を始めた「鏡獅子」は彼の木彫の代表作のひとつで、現在、東京・三宅坂の国立劇場のロビーに飾られている。モデルは歌舞伎の大立者、六代目尾上菊五郎。田中は菊五郎をアトリエに呼んで稀代の名優の肉体を徹底的に観察した。彼を下帯ひとつにして所作の際の全身の筋肉の動きまで目に焼き付けて造形したという。太平洋戦争での中断を挟んで22年間を費やして完成させた。

107年の生涯で最晩年まで創作意欲は旺盛で、多彩な作品群をつくり続けた。100歳の時、20年後に使う木材を大量に購入した逸話は有名だ。弟子を指導して、東京芸術大学で教壇に立ち続けた。彫刻のみならず日本の造形芸術に多大な影響を与え、欧米などにも愛好者が多い。1962年には文化勲章を受けている。

98歳の移住、こよなく愛した家族と小平の風光

平櫛田中は全国を旅して各地の景色や人情に触れたが、とりわけ気に入ったのが都下小平の風光だった。玉川上水の両岸に桜が咲き乱れ、緑豊かな畑が広がるのどかな田園風景――。田中は戦前に600坪の土地を買い求めている。戦前、戦中、戦後と台東区上野桜木町の住居兼アトリエで長年暮らした田中が小平に転居したのは70年、98歳の時。転居を決めた大きな理由は同居していた次女、京子さんの関節リウマチの療養のためだった。

田中は55歳の時に3人の子どものうち長女を数え年19歳で、翌年には長男を数え年18歳でいずれも結核

のため失っている。衝撃のあまり、およそ2年間制作ができなかった。ひとり残った最愛の京子さんをとても大事にした。上野の家より広く、環境のいい小平に転居を決断。浴室やサンルームを備えた療養部屋がある新居は国立能楽堂なども手掛けた建築家の大江宏が設計した。

彫刻美術館の館長で京子さんの長女平櫛弘子さんは「祖父は優しくて子煩悩な人で、孫の私もかわいがってもらいました」と話す。「人間や社会の実相を見つめながら、鍛錬を重ねて彫刻に生涯をささげた芸術家ですが、家長意識が強い人でもありました。私たち孫3人もわが子のように慈しんでくれました」と振り返る。弘子さんたち孫に旅先から送った押し花で飾った絵手紙からは愛情が伝わってくる。弘子さんは平櫛田中の作品や祖父の風韻、人柄を伝える語り部でもある。

田中の生誕150年を記念して、2023年に出版した『平櫛田中回顧談』(平櫛田中彫刻美術館編、中央公論新社)は稀代の芸術家の来し方を聞き書きで綴った貴重な自伝であり、魅力あふれる芸談だ。編集の中心になった弘子さんは「明治、大正、昭和と芸術家として生き抜いた祖父の肉声に近い言葉が綴られている。創作の実相がよくわかるし、彫刻家たちとの交流の逸話は社交的で、案外、楽天的な祖父の人柄を伝えている」という。

市長との交流が生んだ稀有の美術館

田中は壮健な人で好奇心旺盛、行動力があった。小平に転居した1970年には大阪万博に出かけ、大好きな武原はんの地唄舞を会場で鑑賞、アメリカ館で月の石も見ている。小平に来てからもかくしゃくとして歩いて市役所を訪ね、当時の大島宇一市長と昼食を共にするなど市長と懇意になった。市長も多忙の中でも喜んで迎え入れたという。

79年12月30日、田中が亡くなったとき、年の瀬にもかかわらず市長の号令一下、職員たちが葬儀万端をサポートした。三回忌を終えたころ、市長は「このお宅をどうしますか」と弘子さんに尋ねた。「実は小平には美術館がないのです」という市長の勧めで弘子さんは美術館の開設を決心したという。田中の出身地、井原市には69年に開館した井原市田中館（現・井原市立平櫛田中美術館）があるが、愛着のある小平にも美術館をつくることにした。

84年の小平市平櫛田中館の開館からこれまでの累計来館者は約38万人。郊外の小さな美術館としてはかなりの集客力だ。学芸員の松本郁さんは「気軽に立ち寄れるのが魅力でリピーターも目立つ。作品のファンはもちろん、１００歳を超えても精力的に創作に取り組み、数々の語録を残した平櫛田中の人となりに惹かれる方々も多い」と話す。

収蔵する木彫、ブロンズの作品、書が合わせて約４００点。写真や手紙などゆかりの品々があり、定期的に展示替えしている。代表的な作品は出世作の「唱歌君ヶ代」、ブロンズの傑作「転生《てんしょう》」、有名な「鏡獅子」もある。２メートルを超える国立劇場の作品に比して高さ60センチと小ぶりだが見事な造形だ。「尋牛」「狛犬」「鶴氅《かくしょう》」「夕月」も見逃せない。「信仰のかたち」を造形した仏像などの秀作も多い。２０２３年2月から5月にかけて開いた、写真で制作の姿をたどる「制作の軌跡」展など工夫に満ちた展覧会を定期的に開催している。武蔵野の風光を味わいながら訪ねてほしい。

（中沢義則）

【主な参考資料】
・小平市平櫛田中彫刻美術館編『平櫛田中回顧談』（中央公論新社）
・『平櫛田中作品集』（小平市平櫛田中彫刻美術館）
・『生誕１５０年　平櫛田中展』（小平市平櫛田中彫刻美術館）

1986年

西武新宿線田無駅で追突事故

大雪のためブレーキ利かず204人負傷

大混乱の田無駅

1986（昭和61）年3月23日午後零時10分ごろ、田無市（現西東京市）本町の西武新宿線田無駅1番ホームで、停車中の上り準急電車に急行電車が追突し、乗客計204人が重軽傷を負った。

南岸低気圧の影響で東京も予想を超える大雪となり、急行電車のブレーキが利かずに約25キロのスピードで追突した。準急電車は約10分遅れていた上にパンタグラフに積もった雪の重みで通電が悪くなり、雪を取り除く作業中だった。急行電車の運転士は駅の約300メートル手前で赤信号に気付き慌てて急ブレーキをかけたものの、積雪によるスリップと緩い下り勾配だったため利きが悪かったという。

春の彼岸に当たっており、沿線の小平霊園に墓参した帰りの人も多かった。双方いずれも8両編成の電車には約1400人の乗客がいたが、衝突の衝撃で倒れたり座席から投げ出されたりしてのけが人が続出、大混乱となった。大雪のため周辺の道路もマヒ状態で、広範囲の消

追突による衝撃で上下にずれた車両（「もち録」提供）

防から出動した救急車の到着が遅れ、搬送先の病院もなかなか調整がつかなかった。

東京都心の積雪は9センチと観測されたが、当時のニュース映像などを見ると十数センチは積もっているように見え、駅構内や周辺は搬送を待ったり家に連絡を取ろうとしたりする被害者であふれ、警官、駅員、報道陣が慌ただしく行きかって事故の重大性を物語った。不幸中の幸いで死者は出なかった。

安全対策の原点に

西武鉄道はこの事故にショックを受け、詳しい原因究明と再発防止策に全力を挙げた。同社によると信号システムや車両改良などハード面の対策の結果、大雪による事故はその後起きていないという。

また２００９年からは3月23日を「輸送の安全を考える日」に指定し、安全輸送に対する社会的使命への意識を高める日としたほか、この日を含む1週間を「安全輸送推進週間」として各種の取り組みを実施している。東村山市秋津町の西武研修センター内では田無事故をはじめとしたさまざまな電車事故の事例を展示し、職員教育に活用している。

２０１６年8月22日には台風9号による大雨の影響で、東村山市廻田町の西武多摩湖線で沿線の土砂が崩れて電柱が倒れ電車に接触した。乗客6人にけがはなかったが、最後尾の車輪がレールから浮き上がるなどして運行ができなくなった。運転再開まで半月を要し、あらためて自然災害への備えが重要なことを示した。

ホーム、踏切の事故防止を目指して

同社は毎年「安全・環境報告書」を発表して現状の分析と取り組みをまとめている。２０２３年版によると、22年度に起きた鉄道運転事故（脱線や踏切事故など）は12件、輸送障害（自殺による人身事故などで30分以上の遅れや運休）は64件だった。広報部は「ハードの不備による事故、トラブルは明らかに減っている。その一方で踏切での事故や、ホーム上、車内でのトラブルなどが目立っており今後の課題と言える」と話している。

事故防止には利用者の側の注意やモラルの向上も求められる一方、社会の高齢化や障害を持つ人の利用が増えていることへの対応が遅れていることを踏まえて、通行量の多い踏切の解消や駅ホームのさらなる改良も急がれる。

西武鉄道はハード面でのホーム上の安全対策としてホームドアの整備、点状ブロックの整備、ホーム隙間転落検知システムの導入――を進めている。また踏切事故防止のためのさまざまな設備を強化する一方で、できる限りの踏切解消を目的に新宿線の連続立体化事業が進行中。新宿区・中井駅から中野区・野方駅間は地下化して7カ所の踏切を解消、東村山駅の前後で府中街道などと交差する2・3キロは高架化して5カ所の踏切がなくなる予定だ。

また杉並区・井荻駅から西東京市・東伏見駅間5・1キロの高架化により19踏切を解消する事業計画も進んでいる。

（**飯岡志郎**）

【主な参考資料】
・西武鉄道「安全・環境報告書２０２２」
・田無駅【事故】西武線 Railroad Accidents in Japan in 1986 雪 昭和のＴＶ中継（YouTube「もち録」）

1987年
東村山の老人ホーム火事で17人犠牲
福祉施設の在り方に教訓と議論

宿直体制、安全対策に不備

1987（昭和62）年6月6日深夜、東村山市青葉町の特別養護老人ホーム「松寿園」から出火、3階建ての施設に収容されていたお年寄り74人のうち17人が死亡、25人が負傷した。老人ホームの火災としては戦後2番目に多くの犠牲者を出す惨事だった。老人福祉施設の安全管理に大きな教訓となるとともに、医療を含めた福祉の在り方に論議を呼ぶきっかけとなった。

出火元は2階のリネン室と分かり、内部からの放火が疑われたが原因は特定されなかった。出火当時非常ベルは鳴ったが、宿直の職員は2人だけで対応が遅れた。スプリンクラーは設置されていなかった。

当時警視庁担当の記者だった筆者は出火から約30分後、現場に到着し取材を始めた。炎や黒煙は見られず、白煙がベランダから漏れている程度で、ぼやのようにも見えた。救急隊員がはしご伝いに次々と収容者を背負って救出し、隣の駐車場にテントを張って避難させていた。救出された男性に中の様子を聞いたところ「まだたくさんの人が残されている」と話し、初めて事故の重大性に気付かされた。

この火事は全国の老人ホームをはじめとする社会福祉施設の安全対策見直しの大きなきっかけとなった。スプリンクラーの設置規制が強化されたほか、「社会福祉施設及び病院における夜間の防火管理体制指導マニュアル」がつくられた。しかし安全を確保するための決定的要因である職員の不足は今も深刻な問題となっている。

火災後、松寿園がずさんな経理で経営難に陥り、土地、建物が競売に出されていたことが明るみに出、同施設をめぐるごたごたがその後も続いた。再建計画が立てられ、89年に園は再開されたが、経営状態は改善せず、東京都は96年に解散命令を出し、約5億円に上る補助金の返還を請求した。経営母体の理事長は有印私文書偽造の疑いで書類送検された。

松寿園火事での救助作業
(1987年6月6日午後11時50分ごろ、筆者撮影)

変化の波受ける老人福祉のセンター

松寿園があった地域一帯は老人施設の一大センターでもあった。道路を挟んだ東側の雑木林に囲まれた広大な敷地は、近代日本経済の父とされ社会事業にも力を尽くした渋沢栄一が終生院長を務めた福祉施設「養育院」の分院が52年に建設された場所として知られている。

その後、都立東村山老人ホームとなり、附属病院は86年、「東京都多摩老人医療センター」に改変された。松寿園の火事の際は消防・救助活動の拠点となったほか、焼け出された収容者を一時保護する施設にも利用された。さらに敷地内に88年、医療と介護を組み合わせた住宅型老人ホームのナーシングホームができた。

「松寿園」があった場所（2023年3月、東村山市青葉町）

この地区の北側にはハンセン病療養施設「全生園」があり、さらにその北隣、清瀬市には旧結核結専門病院群が広がっている。長い歴史を反映した医療、福祉施設集中地域だったが、いずれも時代と社会の変化につれて性格を変えている。

多摩老人医療センターは２００５年「多摩北部医療センター」として公社化し総合病院に改変された。さらに22年、独立行政法人となり、通称「たまほく」と呼ばれるようになった。

社会的要請と経営のはざまで

しかしこのような変化には効率や利益優先になりがちではないかとの声が地元から出ている。市民グループ「たまほくをよくする会」の事務局長畠山真さんは「大規模な一般総合病院が整備されることは否定しないが、地域住民の切実なニーズからずれている」と話す。当初の改変計画には海外富裕層用の人間ドックを設けてはどうかというような経営上の思惑まで含まれていたとされる。

「確かに医療センターは先端医療や救急医療で貢献しているが、一方で東村山市と清瀬市には分娩施設がないという問題もあって総合病院として改善の余地がある」と畠山さん。

都立東村山老人ホームには大規模な特別養護老人ホームのほかに軽費老人ホームを備え、隣接してナーシングホームがあった。しかしいずれも都の民設・民営化方針に基づいて廃止され、広大な跡地の一部に民間の老人施設ができた。介護と医療の両立を目指した公立のナーシングホームは経営上難しい面があったが、社会的要請や地域住民の期待は大きかったという。

「特別養護老人ホームなどは自治体が誘致してもなかなか応じるところがない。もうからないんですよ。ですから有料老人ホームばかり増えることになる。そこは民間の市場原理だけに任せてはいけないと思います」と畠山さんは現状に懸念を示した。

（飯岡志郎）

【主な参考資料】
・『養育院百二十年史』（東京都養育院）

1992年

清瀬・派出所勤務の警察官殺害

拳銃強奪、同種事件唯一の未解決

ガンマニアか、計画的犯行

1992（平成4）年2月14日未明、清瀬市旭が丘、東村山署旭が丘派出所で1人勤務中だった大越晴美巡査長＝当時42歳、殉職で警部補に特進＝が何者かに刃物で襲われて殺害され、実弾入りの拳銃が奪われた。その後の懸命な捜査にも関わらず事件は未解決のまま2007年時効となった。郊外の静かな団地で起きた惨劇に社会的不安が高まり、派出所勤務の危険性や銃器管理の在り方もあらためて論議を呼んだ。

当時の新聞報道などによると、大越警部補は2人で勤務していたが、13日午後11時過ぎ、同僚の巡査が近くの小学校で発生した住居侵入事件で出動し、処理に当たっていたため1人になっていた。14日午前3時15分ごろ、新聞配達の男性が派出所奥の待機室に制服姿で血まみれになって倒れている大越警部補を発見して110番した。

首と胸をサバイバルナイフようの鋭利な刃物で刺されており、死因は出血多量だった。所持していた38口径の実弾5発入り拳銃が革製のホルダーごと奪われていた。吊りひもは切断されていた。

午前2時ごろに通行人が1人でいる大越警部補を目撃し、2時半ごろには東村山署員と電話で話していた。また、午前3時ごろ、タクシー運転手が派出所の中と外に大越警部補とは別の若い男が立っているの

現在の旭が丘交番（清瀬市旭が丘）

を目撃しており、犯人が2人組だった可能性もあるとみられた。

さらに3時過ぎには飲食店従業員の女性が車で通りかかり、派出所の窓越しに中を見たところ大越警部補とみられる警察官と男が2人で机の上のものを見ている様子だったという。目撃証言などから犯行時刻は発見直前と断定された。

机上には清瀬市内の電話帳、警察案内簿、メモ用紙などが置かれていた。大越警部補は道を尋ねに来たふりをした男に対応しているうちにほとんど抵抗できない不意打ちを食らって刺されたとの見方が強まった。犯人の遺留品や血痕、指紋などは見つからず、手袋をしていたともみられた。

現場は埼玉県新座市との境に近く、1960年代に建設された総戸数約2000戸の公団・旭が丘団地の一角で、交差点に面していた。

必死の捜査も実らず時効

犯行が荒っぽい一方、計画的とみられる上、拳銃を奪う目的がはっきりしているとして、警視庁は拳銃を使った第2の犯行を最も警戒して大規模な捜査を展開した。犯人像としてはガンマニアや警察に恨みを持つ者などが考えられ、不審者をリストアップする一方、現場周辺を重点に徹底的な聞き込み捜査を行った。

目撃証言から「身長１７０〜１８０センチの黒っぽいジャンパーを着た男」が浮かんで、新たな情報を求めるポスターを作成するなどしたが、それ以上に有力な手掛かりは得られず捜査は難航した。

旭が丘交番わきにたつ慰霊碑

旭が丘団地の住民は早朝から取材ヘリのけたたましい音で目を覚まされた。「繁華街から遠く離れ、少年非行などの問題もほとんど聞かない静かな団地だったのででだびっくり。拳銃が見つからないというので不安だった。警官も頻繁に聞き込みに来た」と70代の住民男性は当時を振り返る。

清瀬市防犯協会など有志の呼び掛けで有力情報に１００万円の懸賞金を掛け、その後懸賞金額は３００万円に引き上げられたほか、事件発生から10年目に入った２００１年には「バレンタインデーの日のことを覚えていますか！」と書かれた大型ポスターも作り事件の風化防止を訴えた。

しかしその後も捜査は目立った進展を見せず、ついに

２００７年2月、15年間の時効を迎えた。警視庁は重要未解決事件として捜査員約13万８０００人を動員、寄せられた情報は３０００件以上に上った。奪われた拳銃が使用された形跡は確認されず、拳銃そのものも発見されていないためその後も東村山署に「連絡室」を置いて拳銃の情報提供受付などを含む捜査を継続した。

交番襲撃や銃器管理に課題

拳銃強奪を狙って警察官を襲う事件はこれまでに各地で起きている。

東村山署管内では１９７６年10月18日、東村山市萩山町の八坂派出所で、勤務していた55歳の男性巡査部長が51歳の男にナイフで襲われて殺害された。男は逮捕され、調べに対し「妻子に風呂のある住宅に住みたいとせがまれ、警察官に成りすまして大物政治家の家族を誘拐して身代金を奪おうと計画。そのための警察手帳や拳銃を奪おうとした」と供述した。

また、89年5月16日未明には、警視庁練馬署中村橋派出所で勤務中の警官2人が男に刃物で刺されて死亡する事件が起きた。男は拳銃を奪おうとしたが果たせず逃走した。その後の捜査で元自衛官の男が逮捕され「大金を得るため警官から拳銃を奪うしかないと考えた」と供述した。

さらに、２０１８年から19年にかけて、全国各地で交番、駐在所が襲われる事件が5件相次いだ。その中で18年6月26日、富山市久方町の富山中央署奥田交番を訪れた男が、応対した46歳の男性警部補にいきなり襲い掛かって刃物で刺殺し拳銃を奪った。男は逃走途中、近くの小学校で男性警備員に向かって拳銃を2発発射、殺害した。男は駆け付けた警官に腹を撃たれたのち逮捕され、21歳の元自衛官と分かった。武器マニアだったといい、自宅から数多くのナイフや模造銃などが見つかったが、犯行の動機ははっきりしなかった。

拳銃奪取を狙った警察官襲撃事件の続発に危機感を強めた警察当局はさまざまな再発防止策を講じており、同種事件としては唯一未解決の「清瀬・旭が丘派出所事件」はそのための原点として今も語り継がれている。

「派出所」から「交番」に名を変え、改築された旭が丘交番には大越警部補の慰霊碑がたてられ、東村山署駐車場には八坂派出所事件での犠牲者らも含めた殉職者4人の慰霊碑が置かれている。

旭が丘団地は建設から60年近くがたって建物にも老朽化が見られ、団地自治会によると空き部屋が300に上るという。かつてはにぎわった団地前の商店街も軒並みシャッターが下り、住民も高齢化が著しい。ある商店主は「みんなあの事件は覚えていますよ。でもその後はいたって平和だし、話題になることはありません」と話した。

（飯岡志郎）

1993年

東村山にハンセン病資料館完成（上）

情報発信と啓発のナショナルセンター

療養所「全生園」、苦難の歴史

国立ハンセン病資料館正面（東村山市青葉町）

東村山市青葉町にある国立ハンセン病資料館の前身、高松宮記念ハンセン病資料館が1993（平成5）年6月に完成した。不治の病とされ長年、国の隔離政策が続いたハンセン病は完治する病になり、強制的な隔離政策に終止符が打たれた。資料館は長く続いた偏見と差別や治療や療養、療養所生活の歴史を振り返るとともに、この病の正しい知識の普及と人権回復のための広報・啓発活動をはじめ、さまざまな事業を展開している。

2007年4月に国立の施設としてリニューアルオープンした。国立療養所多磨全生園《ぜんしょうえん》の緑豊かな敷地内にあり、国立13カ所、私立1カ所ある全国のハンセン病療養所の情報を集約し発信するナショナルセンターの役割を果たすとともに、学びの場、住民との交流の場にもなっている。

まず全生園の歴史を紹介しよう。前身は１９０９（明治42）年９月、公立療養所第一区府県立全生病院として設立された。癩《らい》予防法による国の強制隔離政策に基づいて入所者たちは戦前、戦中、戦後をほぼ施設内で暮らして治療、療養してきた。１９４１（昭和16）年に全生病院は厚生省（当時）に移管され、国立療養所になった。幾多の経緯を経て96年に予防法は廃止、隔離政策も撤廃されたが、入所者や回復者の苦難は続き、名誉回復や国家賠償などの解決に向けた模索が続いたのだが、そのことはのちに触れる。

府県立全生病院は１９０７年に政府が制定した「癩予防ニ関スル件」に基づいて設置された。法律の目的は感染の蔓延防止と根絶だが、住む場所がない患者のほか、家族と隠れて暮らす患者たちも強制的に収容した。

開院当時の全生病院正門　1911（明治44）年
（東村山ふるさと歴史館寄託市川家文書）

第一区は東京府、神奈川、埼玉、千葉、茨城、栃木の関東５県に加え、新潟、長野、山梨、静岡、愛知の計11府県が対象。全生病院の全生は「ぜんせい」と読む。私は東村山に住んで60年近くになるが、全生園を最近まで「ぜんせいえん」だと思っていた。なぜ「ぜんしょうえん」と呼ばれるようになったのかはよく分からない。

病院が東村山にできるまでには曲折があった。東京府は当初、目黒村（現目黒区）を候補地に選んだが住民の反発で断念。北多摩郡田無町（現西東京市）に計画したが、やはり抵抗が強くて建設できず、結局、北多摩郡東村山村に開設した。東村山でも反対運動は激しく、反対住民が警察に検挙される事態になった。実刑判決を受けた被告も出たが、これを潮に反対運動は次第に終息していった。

敷地面積3万坪強（約10万平方メートル）、建物数30、医師・職員47人、患者の定数は300人。周辺住民との軋轢《あつれき》は続いたものの、全生病院は近隣の雑木林や畑地を買収してだんだんと拡張していく。ハンセン病への差別や偏見は依然強かったが、全生園は確実に役割を果たし、ピークの1943年には1518人が入所していた。

治療薬の開発で「治る病気」に

ハンセン病はらい菌で発症する。感染力はきわめて弱いが、菌が増殖して病状が進む場合もある。細菌性疾患の治療薬は米国で開発が進み、ハンセン病に効果があるプロミンが実用化された。日本では戦後の1946年に東京大学で合成に成功して各地の療養所で臨床試験が始まった。効果が認められ、高価な薬だがプロミン接種が徐々に広がり、ハンセン病は「完治する病気」になった。退所して社会復帰する回復者が増え、基本的人権の尊重をうたった新憲法の施行もあって、患者や回復者の差別撤廃、人権擁護、補償などを求める気運が一層、活発になった。

53年にらい予防法は改正されたが、患者団体の強い要望は実らず、隔離政策は継続となった。節目になったのは96年3月の「らい予防法の廃止に関する法律」の成立だ。31年にできた癩予防法はハンセン病患者の強制隔離政策などを通して、回復者も含めたハンセン病への差別や偏見を助長して人権侵害の温床だった。法律の廃止は一歩前進だが、国の責任は明記せず、患者・回復者への支援金が一律150万円と低額で、不満が高まった。

それを受けて98年7月、回復者を中心とする原告団が国家賠償などを求めて熊本地裁に提訴、その後東京、岡山などでも提訴された。２００1年5月には熊本地裁は「国の隔離政策は違憲」とする判決を出し、国は控訴を断念した。７月には東京地裁が国の謝罪と和解一時金の支払いを求める和解案を出して国と原告が受け入れ、各地の訴訟は一応決着した。

さらに小泉純一郎首相（当時）が談話で、判決の法律的な問題について争わないと控訴断念をあらためて表明、全面的に謝罪した。そのうえで訴訟に参加していない人たちも含めて患者、元患者全員に新たな立法措置で補償するとした。また名誉回復と福祉増進を進め、啓発事業の充実などを言明した。かなり踏み込んだ決断で、訴訟は区切りを迎えた。

ハンセン病資料館の機能強化進む

高松宮記念ハンセン病資料館は財団法人が設立したが、資金不足もあって療養所内のさまざまな品物や図書、資料などを収蔵品として提供、療養所が運営にも参画した。展示は次第に拡充し、２００1年の小泉談話などを受けて全面的にリニューアルを進め、国立施設になった。

その資料館で23年8月13日に始まった「『らい予防法闘争』七〇年―強制隔離を選択した国と社会―」（12月10日まで）を初日に見学した。さきに触れた１９５３年成立の改正らい予防法を巡って全国の療養所の入所者や患者・元患者の団体が繰り広げた強制隔離撤廃などを求めた闘争に焦点を当てた企画展だ。

患者、厚生省（当時）、国会、報道機関の動きなどを多面的に紹介して、闘いの実相に数多くの資料やパネル展示で迫っている。闘争は激化して、国会や厚生省などで座り込み、デモ、ハンストを強行した。こうした熱い願いも及ばず、結局隔離政策は継続となった。偏見が色濃く残る社会の風を読んで、国や政府が決断を下した。患者団体の幹部も世論を意識して矛を収める形になった。その経緯を実証的に紹介している。

闘争の終結から2023年で70年になる。企画展を担当した資料館学芸員の田代学さんは「新たな感染症患者、障碍者、性的マイノリティーの人たちへの偏見や差別など、ハンセン病は特殊な事例ではなく今につながる問い掛けを含んでいる」と話す。

多磨全生園の入所者は23年8月現在100人。高齢化が進み、退所者の中にも後遺症や合併症に悩む人がいる。医師や医療スタッフの数が減り、外部の医療機関への委託診療が中心になった。発症はまれになったがハンセン病は終わっていない。

資料館の来館者は22年7月に50万人を超え、小中高校生の来館も多い。私は東村山市立第二中学に通い、野球部員だった。時折、全生園のグラウンドで練習や試合をした。浴衣や病衣の人たちが大勢見に来ていた。そのころ、暗い雑木林の中にあって少し怖かった。今は明るい散歩道ができて清々《すがすが》しい。多磨全生園入所者自治会と市が作ったパンフレット「多磨全生園　人権の森を歩く」は四季折々の木々や花々、入所者ゆかりの施設などを紹介していて素晴らしい。

（**中沢義則**）

【主な参考資料】

・展示図録「全生園の100年と東村山」（東村山ふるさと歴史館）
・「国立ハンセン病記念館20周年記念誌」（国立ハンセン病資料館）
・『資料集「らい予防法闘争」七〇年―強制隔離を選択した国と社会―』（国立ハンセン病資料館）

1993年

東村山にハンセン病資料館完成（下）

病と闘い完成度求める入所患者たちの文学

「いのちの初夜」絶望の果ての希望

国立ハンセン病資料館の北條民雄コーナー

東村山市にある国立療養所多磨全生園（全生病院）では入所者の趣味の活動が盛んで、中でも俳句や短歌、川柳をたしなむ人たちが多かった。創作は生きがいだった。作家では全生園を舞台にした小説「いのちの初夜」を書いた北條民雄が知られる。かつては社会から隔絶された閉鎖空間の所内で「生きる糧」として入所者たちの心の支えになった。今回は文学を中心に療養所の暮らしを書くことにする。

ハンセン病文学の代表的な作品「いのちの初夜」を書いた北條民雄は全生園に入所していた。主人公の23歳の青年、尾田高雄は北條の分身だ。発表当時、北條は21歳。１９１４（大正３）年に今の韓国・ソウルに生まれ、徳島県で育つ。15歳で上京して職業を転々としながら文学に傾倒した。プロレタリア文学の影響を強く受けている。33（昭和８）年にハンセン病を発症して翌年、入所した。

「いのちの初夜」の書き出しは北條が入所したころの全生園周辺の風景を描き出している。「駅を出て二十分ほども雑木林の中を歩くともう病院の生垣が見え始めるが、それでもその間には谷のように低まった処や、小高い山のだらだら坂などがあって、人家らしいものは一軒も見当たらなかった」。駅は東村山駅。狭山丘陵の東のはずれ、人里離れ、寂れた武蔵野の景色が目に浮かんでくる。

主人公の尾田は半年前に発症してから死ぬことばかり考えた末に入所を決意する。小説は入所初日の物語である。彼は軽症だが、大部屋の同室者には重症者もいて、その描写は凄惨だ。病苦にさいなまれて死ぬこともできずに、ただ生きているだけの患者たち。絶望的な現実を目の当たりにして尾田は付き添いの中度の患者の青年と命について語り合う。やがて全生園での最初の夜が明けて、尾田は人間を捨てて病者になり切ることで新たな生を得ようと覚悟する。

完治する病になった今では考えられない悲壮な決意だ。36年の「文学界」２月号に掲載されて川端康成が高く評価した。この年の第２回文学界賞を受けたが、翌年、腸結核で逝った。23歳だった。

「生きた証」としての文学

国立ハンセン病資料館の展示室は全生園の入所者たちの生きた証をいろいろと展示していて、北條民雄のコーナーもある。写真を見ると眼鏡をかけた聡明そうな青年だ。直筆の日記などもある。「いのちの初夜」の端正な文章を読むと、もっと生きて小説を書いてほしかったと惜しまれる。

展示は差別と偏見との闘いだった日本のハンセン病の歴史を振り返り、閉鎖された生活空間の中での日常を丁寧に表現している。つましい生活用具や古い治療具に心を打たれる。趣味や娯楽は多彩で絵画、書、

北條民雄が「いのちの初夜」を執筆した全生園内の秩父舎跡

陶芸、木工、裁縫などが盛んだった。歌舞伎上演、野菜の品評会、スポーツイベント、クリスマス会、楽団もあった。園を維持するための日々の作業もたくさんある。

趣味の中で、とりわけ文芸への関心は高く、開園翌年の１９１０年には敷地内の礼拝堂の中に図書室ができ、３００～４００冊の本があった。21年には図書館になる。それに先立つ19年、文芸誌「山櫻」も刊行が始まった。34年に入所した北條は活字を拾う文選工を務めている。

俳句や短歌も盛んで、指導者もいた。俳句では斎藤俳小星《はいしょうせい》が知られている。所沢の大きな農家の出で、若いころから俳句に精進して、高浜虚子が「農民俳人」として高く評価した。所沢俳句連盟の会長を務め、全生園ではおよそ40年間も指導を続けていた。

俳小星は書いている。「患者たちは写生を主とし、花鳥風詠に志し、誤らず惑わず日新（原文のまま）月歩今日に及んで居る」。入所者の句も紹介している。

ふるさとへ心の墓参念珠繰る

病める眼に名月割れてまとまらず

偏見がはびこっていた時代に入所者のために全生園に出向き、入所者の楽しみであり生きがいだった俳句を指導し続けた俳小星は称賛に値する。資料館の２階にある図書館には１９３６年刊行の小型本『俳小星句集』（定価50銭）があった。

『ハンセン病文学全集』(皓星社)はハンセン病療養所の入所者や回復者の文芸作品や随筆などを集めた全10巻で2002年に刊行を始めて10年がかりで完結した。皓星社を創業した藤巻修一さんは「鹿児島県鹿屋市の療養所にいた作家の故・島比呂志が『私たちの全集がほしい』と書いているのを読んで刊行を決めた」と話す。全国13の国立療養所を訪ね歩いて所内の文芸誌などから収集した。全生園の人たちの作品も数多く収録している。

全集の編集委員は加賀乙彦、鶴見俊輔、大岡信ら。「患者や回復者の貴重な記録でハンセン病文学の金字塔」と評価されている。全集の第9巻は俳句、短歌、川柳を収めた。そこから選んだアンソロジーが皓星社から2021年4月に出た『訴歌　あなたはきっと橋を渡って来てくれる』(阿部正子編)で、胸にしみる作品が多い。

またくると中折れ帽子をふりし父を待ちつづけてきぬこの三十年

十五歳のおさげ髪にて入所せしわれ病み抜きて還暦迎う

悲しみや切なさを詠んだ作品だけでなく、希望を持って生きる意志をうたった作品もある。

白杖に夢の火種は絶やすまい

ドリアン助川の小説を原作として2015年に公開された映画「あん」(河瀬直美監督)は全生園も舞台になっている。樹木希林演じる高齢女性はあん作りの達人。青年が営む西武新宿線久米川駅そばの売れないどら焼き店でアルバイトを始めると、おいしさが評判を呼んで大繁盛。ところが老女がハンセン病回復者だとわかると客足は途絶えてしまう。映画では全生園でつましく暮らす老人たちの日常も描いている。まだ残る、この病への偏見を穏やかに告発する佳作だった。

国賠訴訟の中心を担った詩人・谺雄二

東村山ふるさと歴史館で2023年2月、詩人の谺《こだま》雄二の記録映画「谺雄二　ハンセン病とともに生きる―熊笹の尾根の生涯」が上映された。谺は詩作の一方でハンセン病国家賠償訴訟の原告団の中心になった活動家でもある。少年時代に発症して全生園に入ったが、青年期に群馬県草津の療養所、栗生《くりう》楽泉園に移った。戦前、戦中、戦後の長い間、劣悪な環境で暮らし、懲罰拘禁など入所者への非人道的な扱いに強く抗議して療養所の待遇改善や人権擁護にも尽力した。その生き方を描いた映画で、本人や関係者の証言をもとに、その気魄に満ちた生涯を丁寧に描いている。

谺の著書『ライは長い旅だから』（皓星社）は1981年に刊行され、谺の詩と写真家・趙根在の写真で構成している。まだハンセン病へのタブーが強かった時代で、外部のカメラマンが療養所で撮影した写真集は初めてといい、全生園の写真もある。

「ボクたちは　夜になると　めざめる　冬が　しんと冴えて　生まれ出るように　あたらしい苦しみや痛み　病むことの　そのかなしみが　ぎしぎしと　夜をふかめて　光る」

病と向き合い、喜怒哀楽を素直に綴った作品群には読む者の魂を揺さぶる力がある。

（中沢義則）

【主な参考資料】
・北条民雄『いのちの初夜』（角川文庫）
・阿部正子編『訴歌　あなたはきっと橋を渡って来てくれる』（皓星社）

1994年

多摩六都科学館オープン

子どもたちに科学の学びと夢を

高水準の生涯学習施設

圏域住民らに親しまれ、開館30年を迎えた多摩六都科学館(西東京市)

1994年3月1日、田無市(現西東京市)の住宅地に「多摩六都科学館」がオープンした。「世界一」と認定されたプラネタリウムをはじめ、昆虫標本や動物のはく製、化石の実物展示、宇宙旅行の疑似体験ができる参加体験型展示などを通じて、子どもから大人までが楽しみながら科学を学べる場として親しまれている。

同館の歩みは86年、小平、東村山、田無、保谷、清瀬、東久留米の6市長(当時)が連名で、鈴木俊一都知事(同)に北多摩地域での都立文化施設設立を要望したのがはじまりだった。翌年、6市による多摩北部広域行政圏協議会が組織され、その後、都からの財政支援による6市共同での子供科学博物館設立が決まった。

89年に子供科学博物館基本構想検討委員会が発足。学識経験者や6市の市議会議員、小中学校長の計16人で具体的な施設の内容を検討、翌年に「子供科学博物館基本構想書」を答申した。90年には子供科学博物館の設置、管理、運営に関する事務を共同で処理するため、一部事務組合として、「多摩北部広域子供科学博物館組合（現多摩六都科学館組合）」が設置される。

93年に同組合職員となり、同館の歴史を知る多摩六都科学館組合事務局管理課長の豊田和徳さんによれば、当時は多摩北部地域の目指す将来像を「緑と生活の共存圏─アトラクティブエリア・北多摩」と設定。その将来像を実現するため、①緑に包まれた安全で快適な圏域②健やかな暮らしと活力ある圏域③個性と潤いある文化を創造する圏域、という三つの柱があり、とくに③の重要テーマの一つとして「生涯学習の推進を掲げていた。

「当時の科学・技術の分野は高度に専門化するコンピューターなど一般の人にはブラックボックス化が進んでいたため、新しい情報提供の場として学習教育の枠を超えた高水準の生涯学習施設が求められていました。このような背景の中で、圏域の拠点的な生涯学習・文化施設として建設されることになりました」（豊田さん）

この間、多摩六都科学館の象徴ともいえるプラネタリウムが当初の構想にはなかったというエピソードがある。基本構想検討委員会の委員を務めた当時の小平市立小学校校長で、のちに同館特別顧問になった時乗晃さんが私的にまとめた冊子「回想録」に記している。

それによれば、時乗さんは地元教育関係者から要望が高かったプラネタリウムの設置計画が検討委の議案になかったことから、他の5市の状況も調査し、プラネタリウムの必要性を確認。当時の瀬沼永真・小平市長を通じて6市長会に働きかけ、設置が実現したという。

「当時は小学校高学年から中学、今は小学校中学年で星の学習を行いますが、観測は夜でないとできないうえ、当時すでに6市でも夜間の星空が見えにくくなっていたようです。開館から今も圏域全校の小学生が理科見学でプラネタリウムに来ますが、それも時乗さんのおかげです」

視察応対や展示の解説も担当する多摩六都科学館統括マネージャー補佐の伊藤勝恵さんが、時乗さんの回想録を手に話してくれた。

宇宙旅行を疑似体験

1993年8月に「多摩六都科学館」の名称が決定、12月に竣工し、開館へのカウントダウンがはじまる。民間委託の受付や施設運営、展示解説などの教育スタッフも決まり、研修などが急ピッチで進められた。伊藤さんも業務委託スタッフとして開館前に採用されて以来、歩みをともにしてきた一人だ。

「科学館の工事現場に掲げられていた『みんなで築こう科学の城　創ろう子供たちの夢』というスローガンが印象的でした。私はスタッフ募集の『プラネタリウムのおねえさん、おにいさん（募集）』という言葉に魅かれて応募。採用は開館1カ月前で、あわただしかったですね」（伊藤さん）

94年2月26日、鈴木都知事、所在地・田無市の末木達男氏ら6市の市長・市議会議長、都庁関係者ら約300人を招き、オープン式典が行われ、3月1日に開館した。総工費約120億円、延べ床面積約6500平方メートルの地上3階、地下2階建て建物に、企画展示・講演会などを行うイベントホールや各種展示室、科学実験・工作を行う学習室、パソコン室、図書コーナー、そしてドームの直径（27・5メートル）が当時世界一のプラネタリウムを擁した堂々の施設。

プラネタリウムにはオープン当初から長蛇の列ができた。時乗さんの回想録には「一家総出の家族団が眼に多く飛び込んだ」とあり、「生まれて初めてプラネタリウムを見た」という高齢者の声など「地域の科学館らしいスタート状況」と記している。

展示室では実物展示や実物大模型展示のほか参加体験型展示が売り物で、スペースシャトルの搭乗を疑似体験できるシアターや、今もある月面歩行の疑似体験ができる「ムーンウォーカー」などが人気に。

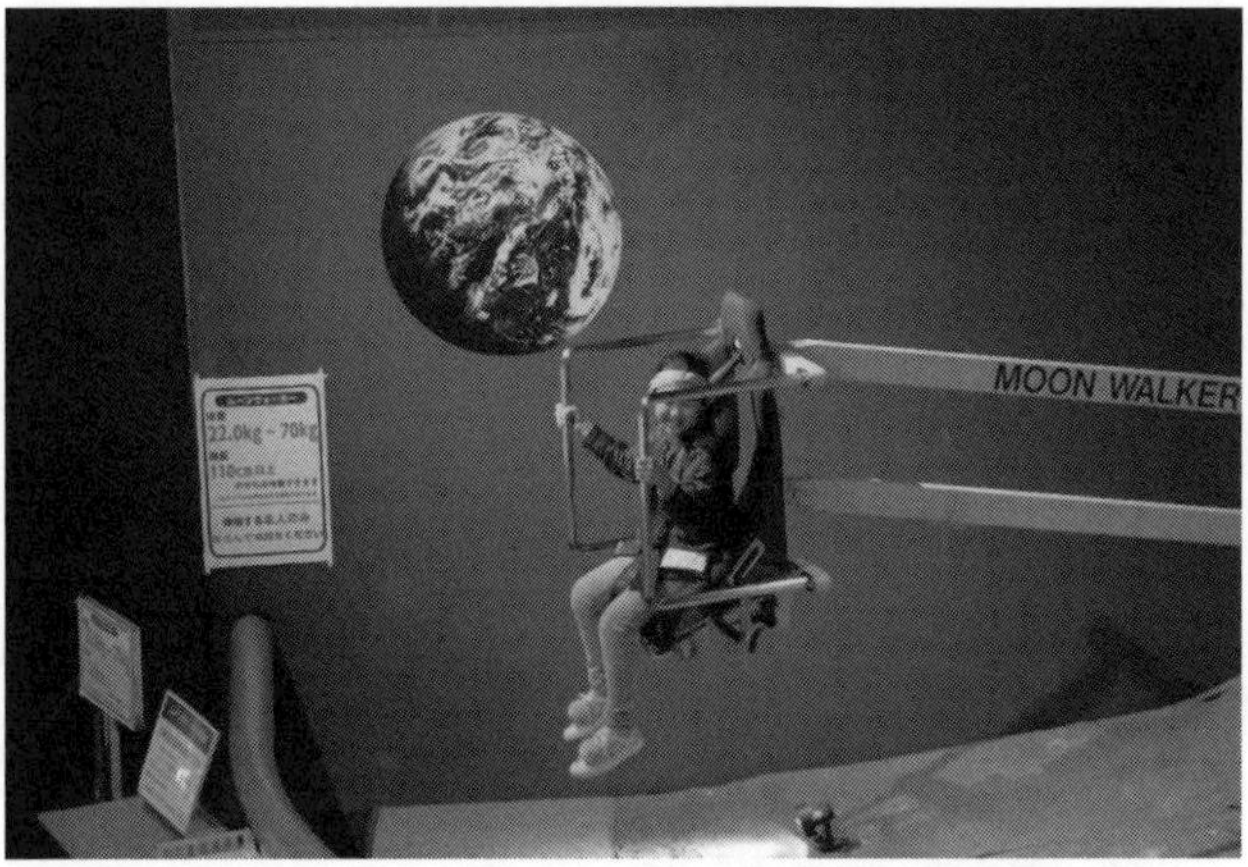

開館以来人気の「ムーンウォーカー」（多摩六都科学館提供）

「シアターはわずか10分で、宇宙に行き、地球を眺めて戻ってくるという疑似体験ですが、本当に宇宙に行ったと思ったおじいちゃんもいて、『今何キロぐらい上空に行ったのですか』と聞かれました。それだけ科学を身近に感じて楽しんでいただけていると思いました」と伊藤さんも当時の感動をよみがえらせる。

開館後の5月に星の子をモチーフにしたロゴマーク、プラネタリウムの愛称「メロンドーム」も決まり、本格始動。オープンした3月だけで約3万人が来館。その後も入館者は続々と詰めかけ、同年10月までで年間見込みの15万人を達成した。同館によれば、月別では２０１６年８月の４万９０２９人、年度別では同年の25万３４７１人が最高で、24年１月１日現在で通算入館者は４７８万９５７０人。季節ごとに年４回特別展を開催しているが、とくに夏休みの展示は人気があり、来場者数トップ５を占めている。

プラネタリウムがギネスに認定

開館以降の歩みをたどれば、2000年には、科学館と利用者をつなぐ科学館ボランティア制度が発足。24年1月1日現在、市民らのボランティア、小学5年から高校生までのジュニアボランティア計130人が在籍している。04年の髙柳雄一館長の就任もエポックと言える。それまで館長は不在だったが、NHKで科学系のシリーズ番組を手掛け、NHKスペシャル番組チーフプロデューサー、解説委員などを歴任した髙柳氏の就任で、館長の知識と経験を生かし、専門家や関係各機関などと連携できて情報の拡充、内容充実、質の向上につながったとも。

01年、13年には常設展示のリニューアル、12年にはプラネタリウムをリニューアル。光学式投映機「ケイロンⅡ」で投映される星の数（1億4000万の恒星）が世界一とギネスで認定され、注目される。「認定がニュースになり、全国から問い合わせが殺到しました。『西武新宿線、西東京市ってどこにありますか』と（笑）。世界一のプラネタリウムが地元にあると、地域の方も改めて足を運ぶように」（伊藤さん）と再び脚光を集めた。ちなみに01年に田無市と保谷市が合併し、西東京市に。圏域の6市は5市になったが、「設立の経緯、アイデンティティーを大事にしようと、館の名称もそのままにしています」（豊田さん）。

さらに、12年に、従来の館内業務などが業務委託から指定管理者制度となり、乃村工藝社が指定管理者となったことで包括的な管理運営で効率化。特別展などの企画も内製により柔軟にできるようになったという。

20年からのコロナ禍では3カ月の休館や、入場制限などに苦慮したが、同時に館内での講座やイベントにオンライン参加を導入。「研究施設の人に中継で出ていただいたり、天体観望会をオンラインでやったり。遠くの方や定員制で抽選に漏れた方にも参加いただけるようになった」と前を向く。そして24年、多摩六都科学館は開館30年を迎えた。

「科学的に物を見る、教養としての科学を身につけ、生活を豊かにする。子どもも大人も、いつ来ても発見、学びがある科学館であり続けたい。多摩六都科学館があってよかったと思ってもらえるように」と伊藤さん。

豊田さんも「科学技術はどんどん進歩しているので、タイムリーに情報発信し、多様な学びの場になるように。これからもさらに圏域住民の方に親しんでいただき、地域に開かれ、地域に根ざした施設づくりをしていきたい」と改めて意欲を示した。

（**倉野武**）

【主な参考資料】
・多摩六都科学館（公式ホームページ）

１９９５年
東村山で下宅部遺跡発見
縄文人が極めた漆工芸の技

有機物を残した低湿地遺跡

１９９５（平成７）年、東村山市の狭山丘陵南側の谷を流れる北川（荒川水系柳瀬川の支流）左岸に約２万平方メートルの規模で広がる「下宅部《しもやけべ》遺跡」が発見された。約１万３０００平方メートルの調査で出た総数20万点以上の遺物のうち、縄文時代後期の特に木製品などの有機物が大量に出土した上、鮮やかな朱の漆塗り製品が目を引く全国的にも貴重な遺跡であることが分かり、２０２０年国の重要文化財に指定された。

ベンガラ漆塗り土器
（東村山ふるさと歴史館提供）

狭山丘陵は東京都と埼玉県所沢市にまたがる、武蔵野台地の中に浮かんだ離れ小島のような緑豊かな丘陵地。縁辺に当たる東村山市多摩湖町で都営住宅建て替えの計画が持ち上がったことから１９９５年、遺跡の有無を確認するための調査が行われた。遺跡の存在が予想されていたわけではなく、過去に近くで縄文時代の遺跡が発見されていたことから、いわば念のための調査だったという。

ところが、この地域としては貴重な縄文時代後期のものがまとまって出土し、特に低湿地であることが幸いして残された木材や食料の遺物が見つかり関係者を驚かせた。「下宅部遺跡」と名付けられ、翌年8月から2003年3月にかけて本格的な発掘調査が行われた。

下宅部遺跡からは旧石器時代から中世にわたる時代の遺物が出たが、何と言っても約4000年前から約3000年前までの縄文時代後期のものが数多く、内容的にもクローズアップされた。この地域には川幅数メートルの浅い川が流れており、その後も地下水によって水に浸かった状態だったため、有機物が腐らずに残された。

丸木舟未製品調査風景
（東村山ふるさと歴史館提供）

当時の人々はここを居住地ではなく水辺の作業場として利用したらしく、それを物語る遺構、土器、石器のほか木製品、獣骨、植物の遺物などが大量に発見された。約9500点が出土した木質遺物では、弓や容器のほか、かごや縄、水場で利用した杭などが見つかった。魚を捕るために使う丸木舟の未完成品と思われる全長6・6メートルの大型出土品もあった。食料加工場所として盛んに使われたことを物語るクルミ、トチ、ドングリなど堅い殻をもつ果実が多く出てきたほか、狩猟の獲物を解体した跡も発見された。

遺跡を特徴づける漆製品

下宅部遺跡の最大の特徴が漆塗りの製品だ。縄文時代には既に高い漆塗りの技術が確立していたと考えられ、全国各地の遺跡から出土例は多い。しかし低湿地遺跡としての条件も幸いして下宅部遺跡の漆出土品は有数の規模と内容を誇っている。現在ではウルシの木がない狭山丘陵だが、当時は管理栽培し樹液を採取していたことを物語る遺物も見つかっている。縄文時代のウルシ樹液採取の具体的資料が発見されたのは全国的にも初めてだった。

漆塗りの出土品で注目を浴びたのは飾り弓だ。まとまった数で出土した弓には実用と儀礼用とがあったが、いずれも折れており、中には明らかに人為的に折られているものがあった。このことから、狩猟の際に折れた弓は持ち帰り、それがなかった場合はわざと折って神への供え物や狩りの成功への感謝などの祈りを込めた祭祀に使ったのではないかとみられる。漆塗り弓は高性能な実用品と考えられ、そのために優先的に儀礼に使われたらしい。

土器にも高度な技術で漆が塗られているが、装飾のほかに接着・補修という実用で利用された例が47例見つかった。縄文人はウルシを縦横に用いて高度な文化を築いていた。

2020年9月、下宅部遺跡の出土品392点が「縄文時代における漆工芸の技術を知る上で貴重」として国の重要文化財に指定された。

長く続く「祈りの空間」を後世に

下宅部遺跡で水辺作業を行った縄文人の住居はどこにあったのか。はっきりしたことは分かっていないが、東村山ふるさと歴史館学芸員の千葉敏朗さんによると、下宅部遺跡から北川を挟んで南側で部分的な調査が行われた日向北遺跡が有力な候補地だという。このほかにも今では住宅地となったこの一帯には縄文後・晩期の遺跡群があるが、調査は進んでおらず全体像の解明は今後の課題だ。

縄文晩期以後は人の住んだ跡が消え、弥生時代の遺跡はほとんど出ていない。河道の変化が影響しているのではないかという。その後、古墳時代以降になると再び遺構・遺物が増え始め、奈良時代のものとみられる池状遺構が見つかって注目された。東西12メートル、南北5メートル、深さ1・5メートルの人口の池で、実際に人が渡るためのものではない「見かけ上の橋」が渡されていた跡があった。墨書土器片や未使用の鉄製品などの出土品と併せて考えると、何らかの祭祀が行われていた場所だったらしい。中世にかけてもこの地域からは仏教系の遺物が多数出ている。

千葉さんは「縄文時代には作業の場であり祭祀の場所であった下宅部遺跡は、古墳時代から古代・中世にかけても祈りの空間だった」としている。

遺跡調査終了後、最重要地点約3000平方メートルは地下に遺跡が眠ったままの状態で「埋没保存」することになった。郷土の価値を再認識し後世に伝えていこうと、市民らがこの場所を遺跡広場として整備することを計画、2004年「下宅部遺跡はっけんのもり」が生まれた。「日本の歴史公園100選」の一つにも選ばれた。

また、狭山丘陵の自然と人々の暮らしを学び体験できる施設として2009年にオープンした「八国山たいけんの里」では、遺跡の出土品展示や縄文の暮らしを体験するイベントなどが行われて、市民が遺跡を身近に感じられる取り組みが進められている。

（飯岡志郎）

【主な参考資料】
・千葉敏朗『縄文の漆の里　下宅部遺跡』（新泉社）
・「下宅部遺跡」（東村山市公式ホームページ）
・タウン通信「東村山出土の縄文土器に〝漆塗り〟の謎」
・東村山ふるさと歴史館発行パンフレット類

１９９８年
エフエム西東京が開局
地域のつながりつくる拠点

エフエム西東京と送信所があるスカイタワー西東京
（西東京市芝久保町）

人と人をつなぐハブ

１９９８（平成10）年1月、コミュニティーラジオ局「エフエム西東京」（ＦＭ西東京）が田無市（現西東京市）で開局した。四半世紀の間、ボランティア・スタッフたちに支えられながら災害・防災情報をはじめ西東京市を中心とする地元情報を発信するとともに、地域の人と人をつなげる役割を果たしてきた。２０１８年には「ＦＭひがしくるめ」（現ＴＯＫＹＯ８５４くるめラ）が開局し、北多摩エリアの情報ネットワークは一気に広がった。

市町村単位で地元に密着した情報を発信するコミュニティー放送は地域の活性化を目的に制度化され、１９９２年に最初の「ＦＭいるか」が北海道函館市で誕生した。95年の阪神・淡路大震災をきっかけに災害時、住民が求めるきめ細かな情報をいち早く伝えるメディアとして注目され、２０２３年12月現在、３４１局までその数を伸ばしてきた。

ＦＭ西東京（周波数84.2MHz）は90年代後半の開局ラッシュのさなか、高さ１９５メートルの電波塔「田無タワー」（スカイタワー西東京）を当時グループ傘下に収めていた株式会社田無ファミリーランドが立ち上げた。都内では武蔵野市、葛飾区、江戸川区に次ぐ4番目の開局だった。

当初の大きな特徴はボランティアスタッフがその運営を支えてきた点だった。数人の社員に比して、その数は開局時の約40人から一時１００人近くにまで増え、番組制作、街角レポート、ミキサーなどあらゆる分野で活躍した。

番組生放送中のエフエム西東京Ａスタジオ

開局の準備段階から退職する２０１６年まで運営に携わり代表取締役も務めた有賀達郎さんは「番組パーソナリティーをボランティアで埋めて、この街がいかにいい街か、面白い街かを伝えてもらう。ほとんど未経験者だったけれど不思議と回っていった」と振り返る。現在、その数は大幅に縮小したものの、市民ボランティアが日頃から見聞きした情報は番組作りに生かされた。「次から次に面白い人と出会える。コミュニティー放送は情報発信だけではなく、そうした人と人をつなぐハブ、接着剤になっている」

その〝人脈〟は緊急時や災害時に大きな力を発揮する。例えば「近所で火災が起きた」という情報が住民から局に入った時、相手が顔見知りで信頼できる人ならば公式発表を待たずにオンエアできる。こちらから連絡して近くの様子を教えてもらうことも可能だ。「市民と一緒に番組を作っていると、こういうことができる。これは信頼関係で結ばれた社会のあり方に通じるものだと思う」と有賀さんは話す。

災害・防災情報の発信拠点

重きを置いているのは災害・防災情報だ。市役所・警察署・消防署との連携、聴取者参加型の防災訓練中継。2011年3月の東日本大震災の発生時には非常態勢で臨んだ。

プロデューサーの飯島千ひろさんの報告によると、情報の収集・発信と同時に中継レポーターが市内の被害状況を生放送で伝え、放送内容をツイッターで流した。インターネットでも聴取可能だったため、交通手段や連絡手段が絶たれた中で「ネットを通じて自宅のある田無は大丈夫だと知り安心した」「なじみあるパーソナリティーの声が発する情報は心強かった」という声が寄せられた。

翌日からの2週間は特別編成に切り替えて電車の運行状況、各店舗の営業状況、計画停電の情報などを報じ、被災地に送るラジオと乾電池の寄付募集、現地支援者による活動報告などの支援活動を展開した。その後も3月11日には特別番組やイベントを開催。22年11月には被災者支援を続けてきた市民団体「生活企画ジェフリー」の企画で西東京市に住む被災者が市民や市職員とともに近況を語る全4回の番組を放送した。

選挙報道にも力を入れた。市長選立候補予定者の討論会、開票速報、初当選した新人議員へのインタビュー。市議選の政見放送は法的に認められていないため、22年12月には市議選立候補者の政見を収録した「政見動画」をユーチューブで配信する全国初の試みに挑んで注目を集めた。「自分たちもやってみたい」という声が各地から相次ぎ、23年4月の武蔵野市、三鷹市、神奈川県三浦市の市議選、山形県議選（新庄市区）で同様の取り組みがなされ、政策本位の政治を目指す取り組みに与えられる第18回マニフェスト大賞の優秀賞に選ばれた。

制作室の青木崇室長は「FM西東京の役割は地域に資する情報を市民に提供すること。ラジオに限定せず、さまざまな媒体で情報を発信したい」と話す。地元メディアとの連携やイベント主催、情報誌制作。20年4月には西武新宿線田無駅北口にガラス張りの公開スタジオを開設した。公開放送する番組には開局時から毎週土曜の午後、2時間の生放送を続ける「WEEKLY MUSIC TOP 20」もある。

パソコンやスマホで誰もがいつでも聴取可能になったラジオは新時代を迎えた。無線に特化した情報番組「QRL」のようなマニアックな番組が人気だという。「今後も放送局としての公共性は担保しながらニッチな層も狙っていく」と青木さんは言う。

開局から25年。FM西東京のネットワークが広がり密にもなってきた。「普段聞かないラジオ局は災害時にも聞かないはず。常に聞いてもらえる番組を作ってファンを増やしていきたい。それはスポンサードしてもらえる価値を持つ番組作りにもつながると思う」

東久留米・小平・清瀬の連携

FM西東京に続き、小平市と東久留米市でもコミュニティーFM局開設の動きがあったが、課題は資金繰りだった。小平で動きが途絶える一方、東久留米ではFM西東京開設時の社員だった高橋靖さんが私財を投じて運営会社「クルメディア」を設立し、2018年に「FMひがしくるめ」（周波数85.4MHz）を開局した。番組の自主制作と生放送、聴取者とスポンサーの会員組織、マガジン広告、ボランティア導入などで経営の安定化を図った。

モットーは「街を元気に」「災害に強い街に」。21年7月、電波出力を2Wから10Wに強化して放送エリアを東久留米、小平、清瀬の3市に拡大し、局名も「TOKYO854くるめラ」に変えた。毎月放送の「ほくほくRadio」は小平と清瀬の市職員有志が企画・制作し地元情報を発信している。24年1月には高橋さんが中心となって北多摩北部の地域報道サイト「はなこタイムス」をスタートさせた。

番組出演者も情報も3市に特化する「地元至上主義」を掲げる。「首都圏のベットタウンであるこの地域には魅力的な人がいっぱいいるのに住民はほとんど知らない。それを逆手にとって地元の逸材や価値ある情報を紹介して深堀りする。番組の中身の濃さには自信がある」と高橋さんは話す。

さらに「街に出て街の人に出てもらおう」とパーソナリティーと最小限の機材ごと街に繰り出して中継するサテライトスタジオを次々に設置した。この独自のスタイルがくるめラの理念を体現しているようだ。住民が地元意識を持ちにくい北多摩地区で、コミュニティー放送は人と人がつながり、地域を再発見する機会を提供している。自然災害が相次ぐ時代、急速な人口減少で地域の結びつきが薄まりゆく社会で、その役割はいっそう重要になっている。


（**片岡義博**）

【主な参考資料】
・冊子「842PRESS」No12「エフエム西東京25周年」（エフエム西東京）
・山田晴通「FM西東京にみるコミュニティ放送局の存立基盤」（東京経済大学人文自然科学論集第110号）
・特定非営利活動法人 生活企画ジェフリー編集・発行「3・11から10年―東北被災者と西東京市の人びとが紡いだ日々」

2001年

田無と保谷が合併し「西東京市」誕生

100年越しの構想が実現

合併構想の紆余曲折

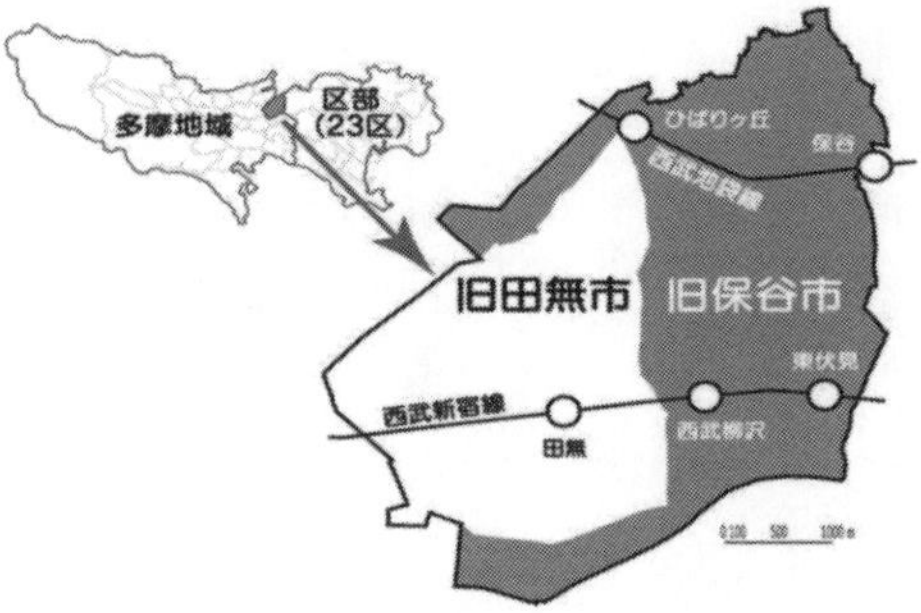

「西東京市合併10年のあゆみ」
（編集・発行＝西東京市企画部企画政策課）から

2001年1月21日、田無市と保谷市が合併して西東京市が発足した。両自治体の合併構想は明治時代にまでさかのぼり、近隣の自治体を巻き込みながら協議と決裂を繰り返す紆余曲折を経てきた。100年越しの合併は「21世紀最初の新設市」「市民参加の都市型合併」として全国の注目を集めたが、市を二分する市長選が繰り広げられるなど波乱含みのスタートだった。

田無と保谷の合併話は、そもそも三角おにぎり状の田無をカニがハサミで挟むように保谷が囲んでいる特殊な地理に由来する。この不自然な南北のハサミは江戸時代に上保谷村と下保谷村から住人が移り住んで新田開発をしたことによるという。

1889（明治22）年の甲武鉄道（現JR中央線）開通で経済的に地盤沈下した田無は、東多摩郡（現在の中野区、杉並区）との合併を進める過程で地理的に壁となる保谷に合併を持ちかけたが、保谷内の調整がつかず実現しなかった。

1930年代には、内務省主導で武蔵野町（現武蔵野市）を中心とした田無町、保谷村、三鷹町（現三鷹市）、小金井町（現小金井市）の5町村合併構想が持ち上がるが、田無と保谷は「大武蔵野」への吸収を嫌って2町村の合併を模索。だが両者の思惑がすれ違って頓挫した。

戦後になると、地方自治確立に向けた指針を打ち出したGHQ（連合国軍最高司令官総司令部）発表のシャウプ勧告を受けて1953年に町村合併法が施行された。いわゆる「昭和の大合併」が始まり、当時1万近くあった市町村数は61年までに3分の1に激減した。

北多摩で再び浮上した「大武蔵野構想」はやはり流れ、田無町、保谷町、久留米町（現東久留米市）は3町合併に向けて動くが、足並みが揃わない。田無、保谷の合併の働きかけに久留米町は61年「時期尚早」と背を向けた。合併すれば人口比率や議員配分などから久留米町の不利になるとの判断だった。

田無、保谷は2町合併の交渉を続けるが、当時人口が全国1位にまで急増していた保谷は単独市制に動く。国や都、マスコミからの圧力によって2町の合併協議を再開したものの、やはり決裂。2町は67年に単独市制を施行して合併の動きは霧消した。

合併はなぜ実現しなかったのか。成功した多くのケースは自治体の規模に大きな格差があった。逆にいうと、同規模の自治体同士は財政上の負担や庁舎の設置場所をめぐる攻防を招いた。北多摩では1950年代半ばから人口が急増し、単独市制が可能になったことも大きい。多くの合併が実現した西多摩、南多摩に比べると、北多摩には合併審議の対象になった人口8000人未満の町村がなかったのだ。

「あそこって西なのか?」

田無と保谷の合併が再び浮上するのは、90年代に入ってからだ。田無市長が定例議会で合併に前向き発言をし、93年には合併を公約に掲げた保谷市長が当選した。背景には人口増の停滞やバブル崩壊による税収減少と歳出増大がもたらした財政基盤の弱体化がある。

任意の合併推進協議会は市民の意見を取り入れながら「新市将来構想」を策定し、99年に法定の協議会に移行した。合併に反対する両市民が約1万8000人の署名とともに直接請求した合併の是非を問う住民票条例案は両市議会で否決されたが、代わりに合併協議会による「市民意向調査」が2000年に実施された。両市長とも「反対票が賛成票を上回れば合併は白紙」と表明したため、18歳以上の両市民を対象とする事実上の住民投票となった。

「意向調査」は全国の注目を集めたが、投票率は44%と振るわなかった。保谷市では合併に賛成65%・反対25%、田無市では賛成48%・反対43%。両市とも賛成票が反対票を上回ったが、保谷市民のほうが合併に前向きだったことがわかる。保谷市の財政基盤がもともと脆弱だったことに加え、保谷のいびつな形状で住民が日常的に不便をかこっていたことにもよるだろう。「保谷では選挙運動がやりづらくて仕方なかった」という選挙担当者の嘆きも聞かれた。

調査は新市の名称も問うた。全国公募による最終5候補のうち投票結果は上位から西東京市、ひばり市、けやき野市、みどり野市、北多摩市だった。新市名「西東京市」は物議を醸した。当時の石原慎太郎都知事は「あそこって(東京の)西なのか? 北だろう」と皮肉交じりに指摘した。確かに西東京市は東西に細長い東京都の真ん中よりも少し東側に位置する(地図参照)。「西」はあくまで23区から見た方角である。

そこに北多摩住民の23区への過剰な意識を見てとることも可能だろう。

多難な船出

２００1年1月21日、人口約18万人の西東京市が正式に発足した。1カ月後の市長選は、合併協議で手を取り合ってきた現職の2市長が出馬する異例の展開になった。新市の主導権をめぐって市を二分する激戦の結果、前保谷市長が約2万６０００票を獲得し、前田無市長に約２８００票の差を付けて当選した。当時の有権者数は田無市約6万４０００人、保谷市約8万５０００人。その差が選挙結果を左右したとの指摘もある。

選挙後、前田無市長が選挙中まかれた中傷ビラについて刑事告訴をしたり、保谷陣営が田中康夫長野県知事（当時）の激励電報を捏造したことが発覚したり、旧田無市幹部職員2人が辞表を提出したり……と両陣営の対立はくすぶり続けた。初の市議会は空転を続け、９回も会期を延長するなど多難な船出となった。

市長室は田無庁舎（旧田無市役所）、議場は旧田無市議会に設けられた。問題は山積していた。市の組織再編と人事、庁舎移転、電算システムの統合、条例・規則の調整。そして逼迫する財政をどうするか――。

合併から11年経った２０１２年に西東京市が市民に対して合併に関する意識調査を実施した。「合併して良かったこと」は「はなバスの運行など交通の便が良くなった」（26％）、「駅周辺整備など大規模なまちづくりが促進された」（19％）。「もう一歩と感じること」は「市としての一体感が感じられない」（29％）、「公共料金などの市民負担が増えた」（24％）という声が上がった。

解体される前の西東京市役所保谷庁舎
（@ノースアイランド舎）

職員の削減を含む「行財政の効率化」を掲げた合併に伴い、両市が保有する公的資料が大量に廃棄された。地元の郷土史研究家は「西東京市の歴史を調べるのが非常に難しくなった。住民や市役所職員の間には、いまだに保谷と田無のムラ意識的なものが残っている。結局、合併によるメリットはあまり実感できていない」と話す。

庁舎問題も難航している。合併以来、保谷・田無の旧2市庁舎を併用してきたが、2016年の庁舎統合方針では33年度を目途に庁舎統合を目指すとし、老朽化した保谷庁舎の解体と田無第二庁舎の新設が進んだ。その後、市は統合方針を見直し、23年7月、「統合庁舎は2048年度を目途に実現する」と発表した。今から四半世紀後、西東京市誕生からほぼ半世紀後となる。統合庁舎の建設地はまだ決まっていない。

（片岡義博）

【主な参考文献】
・『保谷市史　通史編3　近現代』
・『田無市史　第三巻　通史編』
・多摩広域行政史編さん委員会『多摩広域行政史』（財団法人東京市町村自治調査会）
・西東京市企画部企画課編『田無市・保谷市合併の記録』
・西東京市企画部企画課編『西東京市合併10年のあゆみ』
・西東京市民白書をつくる会編『西東京市民白書』（２００４年）
・津村恒夫著『西東京市誕生・その前後の記録』

2002年

早大ラグビー部が「さらば東伏見」

74年の歴史に幕、今も学生スポーツの聖地

西武鉄道が敷地提供、ラグビー強豪の誕生

東伏見グラウンドでの早大ラグビー部の練習風景（1980年ごろ）＝早稲田ラグビー倶楽部提供

２００２年7月、早稲田大学ラグビー蹴球部が西東京市から杉並区上井草に移転、74年間にわたる「東伏見」での歴史に幕を閉じた。同ラグビー部は１９１８（大正７）年創設、幾多の名選手を生み、大学日本一16回、社会人を含めた日本選手権でも4回優勝するなど大学ラグビー・ナンバーワンの戦績を誇る。ラグビーのほかにもサッカー、野球、馬術などさまざまな施設を持っていた早大東伏見キャンパスは今も学生スポーツの聖地として活気を維持し、周辺の住民にとっても憩いと交流の場になっている。

早大ラグビー部は２０２３年で創設１０５年を迎え、慶応大などに次ぐ長い歴史を誇る。当初は東京・新宿の戸塚球場や軍用地を借りて練習していたが、１９２８（昭和３）年、西武鉄

道から北多摩郡保谷村上保谷の10ヘクタールに及ぶ土地の寄贈を受け、ラグビー部も西側の一角を練習場とした。他校からはうらやまれたが、石神井川沿いの田畑だった土地をグラウンドに整備するのは大変で、部員は草取りやローラー引きに時間を取られ、ひとたび雨が降れば田んぼに逆戻りしたという。

上保谷一帯の開発は京都の伏見稲荷大社の分霊を勧請しての東伏見稲荷神社の創建、住宅地分譲などと続き、西武新宿線の駅名も「上保谷」から「東伏見」となった。

第二次大戦のため44年3月から46年春まで部活動は事実上停止となり、第二次学徒出陣に応じた部員の中には戦死者も出た。終戦直後はグラウンドの一部が菜園となって部員の食料不足対策に一役買っていた。ラグビー部員用の寮確保などにはOB会の尽力が大きく、実力向上のための条件は順次整えられた。選手たちはそれにこたえるように何度も黄金時代を築いた。特に「早稲田ラグビーの父」ともいわれ、現在に続く戦法の基礎をつくり上げた大西鐵之祐氏が50年以来3度、9年にわたり監督を務め、伝統の維持と強化に貢献した。

大西氏が95年に死去した後、2001年から2005年までの清宮克幸監督時代も5年連続関東大学ラグビー対抗戦優勝、大学選手権でも3回優勝の輝かしい結果を積み上げた。

現在は新興勢力を含めた各校も急速に実力を上げて戦国時代ともいわれるが、「えんじと黒」のジャージの早稲田に対して「紫紺と白」の明治大によるライバル対決は特別だ。「重戦車」との異名を取った明治のフォワードを中心とする〝タテ〟の突破力に対して、技とスピードを武器にオープンに展開する早稲田の〝ヨコ〟の攻撃のせめぎ合いは常にラグビーファンを魅了している。

温かかった東伏見の人々

「東伏見は私たちに温かかったですね」と語るのはラグビー部のOB会「早稲田ラグビー倶楽部」の副会長金澤聡さんだ。現役選手時代はフォワードのロックで、1979年には主将として対抗戦グループ2位、大学選手権では準決勝に進出した。その後もコーチとしてチームの強化に貢献した。

「東伏見のグラウンドといえば泥の印象。雨が降るとぬかるみ、乾くと土ぼこりがひどくて近所から苦情も来たものでした」。このグラウンドの問題が後の上井草移転の伏線となる。

「Farewell（さらば）」と刻まれた記念碑の序幕（2002年7月7日、東伏見グラウンド）＝早稲田ラグビー倶楽部提供

練習の合間には東伏見駅周辺の飲食店に繰り出した。焼き鳥屋、中華料理、そば屋……。早稲田スポーツマンが地域に活気をもたらし、住民たちも自然に「早稲田ファン」になった。「時々羽目を外すやつもいましたが、地域の皆さんはおおむね寛容でした」

もともと低湿な土地だったグラウンドの移転話は行政の石神井川改修計画とともに進んだ。石神井川はたびたび氾濫し、流域の住宅にも浸水した。さらにグラウンドを芝生化したいというラグビー部の長年の夢をかなえるチャンスでもあった。OB会が出資してできた合宿所を提供するなど大学側と交渉した結果、上井草の大学所有地と交換し、新たに芝生のグラウンドを整備、近代的な設備のレーニング室、寮も建設された。

２００２年7月7日、東伏見グラウンドでさよならイベントが開かれた。当時の清宮監督をはじめＯＢ、関係者が家族連れで参加、1万４０００人が東伏見への別れと感謝をささげた。グラウンドの一角には「Farewell Higashi Fushimi（さらば東伏見）」と刻んだ記念碑がたてられた。

ちなみに筆者はラグビーグラウンド西側に隣接する都営住宅で子ども時代を過ごした。簡単に忍び込めたグラウンドは格好の遊び場だった。練習が始まると追っ払われたのは当然だが。東伏見駅から東伏見稲荷神社までの参道の途中に銭湯があった。内風呂がない家が多かった60年代には大いににぎわった。夏のある日だったと思う。銭湯の前の道に、明らかに練習後のラグビー部員らしきお兄さんたちがたむろしていた。そこへホースを借りてきた部員が水を掛け出した。風呂に入る前に泥を落としていたのだろう。豪快でカッコいい風景だった。

住民の憩いと交流の場にも

ラグビー部は移転したが、広大な東伏見キャンパスにはさまざまなスポーツ施設、研究棟、学生寮などが次々に整備されている。東伏見駅南口に以前あった屋外プールの跡地には生協スーパーやコンビニも備えた大規模な研究棟が建った。

敷地南西角に野球部の練習野球場がある。２０１０年には神宮球場と同じ仕様の人工芝に改装され、さらに15年11月「安部磯雄記念野球場」と改称された。もともと早大高田馬場キャンパス（東京都新宿区）に戸塚球場があり安部球場と呼ばれていた。安部磯雄は明治から昭和にかけての社会運動の先駆者で、早大の前身東京専門学校の講師だった１９０１年に野球部を創部し、部長に就任、翌02年野球部専用の戸塚球場を新設した。学生野球を中心に使用され、日本で初めて照明を設置しナイターが行われた。

１９８７年11月22日の全早慶戦をもって球場は閉鎖され、球場跡地は国際会議場などが入る早大の総合学術情報センターになった。

東伏見の安部磯雄記念野球場では定期的に地元住民への開放日が設けられ、家族連れがくつろいだり、子どもたちが野球を教えてもらったりする姿が見られる。

早大野球部で活躍し、２００６年の早慶戦では劇的なサヨナラホームランを放った佐伯謙司郎さんは「球場が人工芝になって、整備しやすくなったので外部からの受け入れも可能になったと思います。私も子どもたちに教えたものですよ」と話す。

佐伯さんは実家が東伏見キャンパスの近くにあったが、４年生の時は寮に入った。「仲間と飲みに行って騒いだという記憶はあまりないですね。むしろ時々実家に呼んで食事したものです」。施設が近代化するとともに学生の〝バンカラ〟気風も薄れたのかもしれない。

（飯岡志郎）

【主な参考資料】
・『保谷市史　通史編３』
・「旧西武鉄道の経営と地域社会」（『東村山市史研究　第４号』）
・『西武全線古地図さんぽ』（フォト・パブリッシング）
・『早稲田ラグビー六十年史』（早稲田大学Ｒ．Ｏ．Ｂ倶楽部）
・『早稲田ラグビー百年史』（早稲田大学出版部）
・『ありがとう東伏見―早稲田大学ラグビー部写真集』（ベースボールマガジン社）
・「銅像歴史さんぽ・西東京編１「安部磯雄・飛田穂洲」」（ひばりタイムス、２０１９年10月10日）

2003年
玉川上水が国史跡に指定
都心と武蔵野台地を潤した水の大動脈

命の水届ける「人喰い川」

2003（平成15）年、武蔵野の台地を流れる玉川上水が国の史跡に指定された。江戸初期から人々に飲み水を届けるとともに武蔵野の開発を促した玉川上水は戦後、空堀や道路、暗渠になるなど時代の変化に合わせてその姿を変えてきた。近年は人々に憩いを与える自然環境の保全、江戸と東京の発展を支えた歴史文化資産としての整備が進むとともに、豊かな水流復活に向けた活動が熱を帯びている。

玉川上水は人口増で水不足に瀕していた江戸市中に飲み水を届けるため、1653（承応2）年に完成した。羽村堰（現羽村市）で取り入れた多摩川の水は、武蔵野台地を経て四谷大木戸（現新宿区四谷4丁目）へ。全長約43キロ、標高差約92メートルを開削する難事業は高度な測量・土木技術を駆使して、わずか8カ月で成し遂げられた。

当時、世界最先端、最大規模の水道システムを差配した総奉行は老中松平伊豆守信綱。工事請負人は町人の庄右衛門と清右衛門の「玉川兄弟」とされるが、確かな記録は残っていない。

完成直後から野火止用水をはじめとする分水が次々に開削され、水の乏しい武蔵野台地に農業・生活用水を供給して開拓村を続々と生み出した。江戸中期には新田開発の一環として小金井橋を中心に両岸数キ

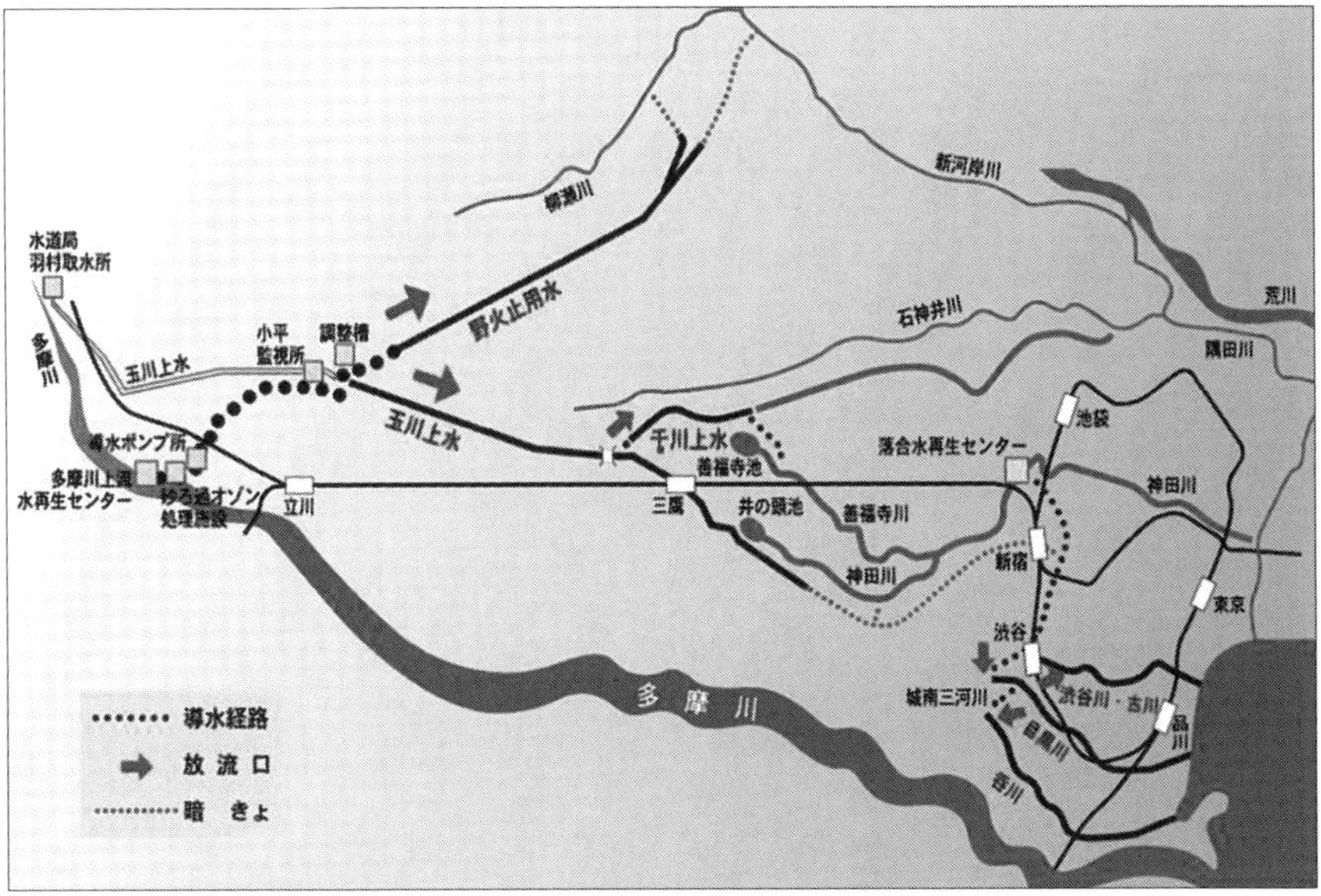

玉川上水（東京都水道局公式ホームページより）

口に約2000本の山桜が植えられ、関東随一の桜の名所として長く親しまれた。明治初めには運搬船が往来したが、水質悪化のためわずか2年で廃止に。水質の保全は人々の命を守るための至上命題だった。

戦後も流域の住民は上水の水を汲み上げて風呂や洗濯用に使っていた。だが人々に「命の水」を運んだ水量豊かな急流はしばしば人をのみ込み、「人喰い川」とさえ呼ばれた。1948（昭和23）年、三鷹市で愛人と心中した作家太宰治もその一人だった。58年から5年間で自殺者を含めて90人が水死したとの記録がある。都は両岸に有刺鉄線を張り巡らせたが効果はなく、流域の住民からは上水に蓋をするよう求める陳情が相次いだ。

65年、東京の水不足解消の切り札として利根川の水を利用することになり、淀橋浄水場（新宿区）の機能が東村山浄水場に移転した。このため水道の源水を送る玉川上水の機能は羽村取水堰から河川水の水質を管理する小平監視所（立川市）までの約12キロとなり、監視所の下流は水の流れない空堀となった。300年以上、人々に飲み水を届けてきた玉川上水は、ついにその役割を終えた。

空堀に〝清流〟が復活

水流が絶たれると両岸側壁の崩壊が目立つようになり、地域から上水に蓋をして道路に転用する案や下水道にして利用する構想が持ち上がった。しかし、これに強く異を唱えたのもまた地域の住民たちだった。66年に発足した「玉川上水を守る会」は、以後大きな広がりを見せる住民運動の先駆けになり、会には武蔵野市に住む詩人の金子光晴、俳人の中村草田男、水原秋桜子らが名を連ねた。当時は高度経済成長に伴う公害や自然破壊が社会問題となり、全国で環境保護の機運が高まる中、玉川上水やその分水で清流やホタルの復活を求める運動が勢いづいていった。

自然保護だけではない。江戸と東京の発展を支えた土木施設・遺構として歴史的、文化的価値を有する玉川上水の「国の史跡指定」が運動の大きな目標となった。74年には「小平市玉川上水を守る会」が彫刻家の平櫛田中、作家の杉本苑子、俳人の中村汀女らを顧問に発足し、以後、半世紀に及ぶ活動を続ける。

国や自治体も環境保護を行政の柱に据えるようになり、71年には環境庁が発足。都も道路建設から上水沿道の緑化と保全に方針転換し、81年には都立公園「玉川上水緑道」が整備された。

さらに空堀状態の水路に水流を取り戻す事業を進め、86年、小平監視所から浅間橋（杉並区・高井戸）までの約18キロに下水を二次処理した〝清流〟がよみがえった。野火止用水、千川上水でも水流が復活し、全国の自治体による「清流復活事業」の先駆けになった。

都は99年に玉川上水を「歴史環境保全地域」に指定。竣工350年となる2003（平成15）年8月には、ついに下流部の暗渠を除いた約30キロが国の史跡に指定された。

利用から保全・活用、そして再生へ

飲み水としての利用から自然環境・歴史文化資産の保全へ。近年は街づくりやアートプロジェクト、環境学習、防災・減災などのため玉川上水を活用する動きが広がっている。

2012年、小平市、西東京市、小金井市など中流域の7区市長が一堂に会した「玉川上水サミット」を開催。街づくりと地域活性化に向けた保全と活用を各区市が連携する共同宣言を採択した。

流域の市民団体や個人からなる「玉川上水ネット」は、羽村取水堰から皇居・半蔵門までを歩いた「玉川上水リレーウォーク」など「玉川上水・分水網の保全活用」に向けた活動が16年に日本ユネスコ協会連盟の「プロジェクト未来遺産」に登録された。

玉川上水・上水小橋の親水エリア（小平市中島町）

21年には同ルートを46億年の生命の歴史になぞらえて歩くアートプロジェクト「玉川上水46億年を歩く」が実施された。1キロを1億年と想定し、地球史46億年分を歩くことで生物多様性の大切さを体感する試みだ。20万年のヒトの歴史はゴール手前の2メートル、300年前の産業革命はわずか3ミリになるという。企画したアーティストのリー智子さんは「地球の歴史の中で生物の多様性がこれほど豊かになるまでにどれだけ時間がかかり、それをどれだけ短い時間で人類が破壊したかを視覚化し体感したかった」という。

さらに玉川上水と分水網を羽村から外濠、隅田川に至る水路を玉川上水域として一体的に捉え、「水の都」東京を蘇らせる構想が進んでいる。玉川上水復活に向けて約70の市民団体や研究者などでつくる「玉川上水・分水網を生かした水循環都市東京連絡会」は2019年に「市民が選んだ玉川上水・分水網関連遺構100選」を選定。江戸時代の高度な土木技術や東京の発展の歴史に光を当て、ユネスコの世界遺産登録への足がかりとした。

「水の都構想」を掲げる東京都は同連絡会などの提言を受けて、2022年の「未来の東京」戦略で外濠の水質改善のため玉川上水からの導水を活用して水循環を促す計画を推進するとともに「長期的には多摩川から水を引いて本来の玉川上水の姿によみがえらせる可能性」を示した。

同連絡会が23年7月に開催したシンポジウムに登壇した代表の山田正・中央大学名誉教授は「私たちは今、未来に何を残せるかが問われている。大切なのは水の価値を再認識し、玉川上水を『使いながら残していく』ことだ。外濠浄化への活用を大きな第一歩として、せせらぎやこもれびが豊かな水辺環境と清らかな水の流れを取り戻していきたい」と話した。

(片岡義博)

【主な参考資料】
・『小平市史』
・小平市玉川上水を守る会編「玉川上水」20周年記念特集号
・小平市玉川上水を守る会編『玉川上水事典』
・外濠の水辺再生（東京都都市整備局公式ホームページ）

２００７年

石川島播磨重工業の田無工場が閉鎖

航空ジェットエンジン発展の拠点

社運を賭けた事業

工場跡地に建つデータセンター（左）や大型マンション

２００７（平成19）年10月、旧石川島播磨重工業（現ＩＨＩ、本社・東京都江東区豊洲）は西東京市向台町の田無工場を閉鎖した。戦後50年間にわたり戦闘機や民間機などの航空ジェットエンジンの開発・製造を担う一大拠点だった。東京ドーム２個分ほどの広大な工場跡地には大規模な商業施設やマンション、病院などが建設され、市民生活の場として活用されている。

石川島播磨重工業はもともと１８５３（嘉永５）年、ペリー来航による欧米列強に対抗するよう幕命を受けた水戸藩主が隅田川河口に設立した日本初の洋式造船所「石川島造船所」を始まりとする。戦前から航空エンジンの部品を製造し、１９４５（昭和20）年、「石川島重工業」（以下、石川島）と改称して、海軍が開発した戦闘機「橘花《きっか》」に搭載した日本初のジェットエンジン「ネ20」の生産に携わった。

戦後、禁止されていた航空機関連事業が52年に解禁されると、石川島など4社（後に5社）で「日本ジェットエンジン」を設立し、国産ジェットエンジンの研究・開発に着手する。朝鮮戦争の勃発で特需に沸く日本でも防衛力強化が叫ばれていたさなかだった。

この時の石川島の社長がガスタービン技術者の土光敏夫氏だ。石川島以外の4社は莫大なコストがかかる事業から結局手を引くが、土光氏は57年、軍用機メーカー「中島飛行機」の下請け会社があった土地（現西東京市向台町3丁目など）に田無工場を建設し、航空エンジン事業への本格参入に乗り出した。当時、田無に重工業関連工場が多数設立された背景には、中島飛行機をはじめ戦前から戦中に進出した軍需工場の広大な敷地と建物の存在があった。

航空事業の禁止で日本の航空エンジン開発は欧米に大きく立ち遅れていた。「ジェットエンジン生産なんて日本にできるわけがない」。工場建設を当時の経済誌は「土光の愚挙」と書き立てた。その際、社員を集めた総会で壇上に立った土光氏は「この事業に石川島の社運を賭ける」と拳で机を叩いて訴え、その拳が血に染まったという逸話が残っている。土光氏といえば後年、経団連会長や第2次臨時行政調査会会長として行政改革に辣腕を振るったイメージが強いが、日本にジェットエンジン技術を根付かせた立役者でもあったのだ。

田無工場の初代工場長に就いたのは、ネ20の開発を手掛けた永野治氏。新日本製鐵を創業するなど「戦後財界のドン」と呼ばれた永野重雄氏の弟である。永野治氏は戦闘機用の「J47」エンジン部品の国産化や初の国産実用ジェットエンジン「J3」の量産といったプロジェクトを指揮し、戦後の航空機エンジン発展の礎を築いた。

国際共同開発に参加

石川島重工業は60年、播磨造船所と合併して「石川島播磨重工業」に改称した。数十人でスタートした田無工場の従業員は3年で800人近くに膨れ上がっていた。

エンジンの製造には切削、加工、溶接などに高度な技能が求められ、自動車でいえばF1マシンの製造にも比せられる。国内トップの技能を誇った田無工場では、場内に「匠道場」という一室を設けたり、新人と熟練工がペアを組む競技会を企画したりして技術を練磨していった。

工場は生産エンジン機種の増加に伴って拡張したが、一方で工場周辺には人口急増によって住宅が建ち並ぶようになった。エンジン運転場が完成すると、低周波騒音（振動）が発生して周辺民家から窓ガラスが震えるなどの苦情が相次ぎ、近隣住民の抗議デモにまで発展した。洗浄剤として使用する有機溶剤による土壌汚染が近隣住民との間で問題になったこともあった。

重工業工場の進出は地元に多額の税収をもたらす一方で、こうした公害問題を生み出した。石川島は田無工場が手狭になったこともあり、米軍横田基地に隣接する西多摩郡瑞穂町に瑞穂工場を建設し、運転場や組み立て部門を移設していった。

１９７０～80年代に田無工場でジェットエンジンの特殊検査に従事していた前小平市議の橋本久雄さんは「職場には活気があったが、戦闘機エンジンを造っていたので、自衛隊の幹部が出向して工場内を見回って厳しく点検していた。『軍需産業反対』を叫ぶ新左翼のデモもよく繰り出していた」と当時を振り返る。

石川島は軽量・超高速の航空機に要する最新鋭エンジンは外国の技術を習得して生産すると同時に、品質管理やチタン、ニッケルなどの素材開発・加工法などで多くの新技術を独自に開発し、エンジンの軽量化や高性能化を達成した。

日本の技術は国際的に認められるようになり、英国ロールス・ロイス社からの呼びかけによる民間航空機用エンジンの共同開発を経て、83年には新しい民間エンジンの5カ国共同開発が始まる。このエンジンはエアバス社の旅客機に搭載され、これを機に石川島は民間エンジンの舞台に羽ばたくことになった。

ちなみに宇宙飛行士の野口聡一さんは90年代に航空宇宙事業本部に所属し、田無工場や瑞穂工場でジェットエンジンの設計や性能試験業務を担当していた。

相次ぐ大規模工場の閉鎖

90年代までは防衛産業向けエンジンの生産量が右肩上がりに増えたが、それ以降は民間エンジン需要が拡大し、従来の熟練工に頼る多品種少量生産体制から、より合理的な少品種多量生産体制への変革が求められるようになった。

その結果、田無工場は２００７年に閉鎖し、エンジンの中小型部品などの製造機能を福島県相馬市の相馬工場に移転・集約し、石川島播磨重工業はＩＨＩに改称した。

90年代半ばから急激な円高による産業の空洞化が進み、周辺でも大手企業の大規模工場の撤退・縮小が相次いだ。94年から東鳩（現東ハト）の保谷工場と田無工場が相次ぎ閉鎖し、２００２年には三共（現第一三共）の田無工場が撤退。04年には住友重機械工業・田無製造所が一部閉鎖した。跡地の多くは住宅や商業施設となった。

ＩＨＩ田無工場の跡地９万３７００平方メートルには、サミットストア、コジマ×ビックカメラ西東京

ＩＨＩ田無工場跡地にたつ「ジェットエンジンのふる里」記念碑

店、キヤノン系データセンター、大型分譲マンションが次々と建った。２０１５年には武蔵野徳洲会病院が開設して地域に開かれたイベントを開催するなど地元住民が行き交うゾーンに生まれ変わった。

田無近辺地方史研究会の滝島俊さんは、隣町の武蔵野町（現武蔵野市）への中島飛行機の工場進出（１９３８年）がこの地域の一大転機だった、と話す。「戦争により軍需産業の町として発展し、戦後はベッドタウン化して工場と住宅が併存するようになった。やがて工場が移転していった跡地はスーパーや公園となり、派手さはないが暮らしやすい街になったと思う。地域が経験したこうした劇的な転換の痕跡は今やほとんど失われつつある。私たちの未来を考えるためにも過去の記録・記憶はしっかり残していきたい」

狭山・境緑道（多摩湖自転車歩行者道）沿いの跡地に整備された「おおぞら公園」には、ＩＨＩ有志によってエンジンのブレード（羽根）をかたどった「ジェットエンジンのふる里」記念碑がたてられた。記念碑の周りを田無工場開設当初から事務所に使われていた赤レンガで囲い、そこにはめ込まれた銘板20枚には田無工場とジェットエンジンの歴史が詳しく記されている。

（片岡義博）

【主な参考資料】

・『石川島重工業株式会社108年史』
・『石川播磨重工業社史　沿革・資料編』
・空本史編纂プロジェクト編『IHI航空宇宙30年の歩み』（石川播磨重工業株式会社航空宇宙事業本部）
・前尾孝則『ジェットエンジンに取り憑かれた男』（講談社文庫）
・川崎俊章「石川播磨重工業における航空宇宙技術」（たましん地域文化財団『多摩のあゆみ』109号所収）
・『田無市史　第三巻　通史編』

2008年
落合川と南沢湧水群が「平成の名水百選」入り
東久留米市の「里川」再生物語

周辺住民による努力を評価

2008（平成20）年6月、東久留米市の落合川と南沢湧水群が「平成の名水百選」に入った。この「名水百選」入りがあって、いまでこそ東久留米市は〝川のまち〟とか〝水のまち〟と言って違和感がないが、ここにいたるにはかなりの紆余曲折があった。ものごころがついたときから東久留米市（当時は久留米町だったが）に半世紀以上住んでいる者として、川の「死と再生」に関する話を記しておきたい。

「平成の名水百選」は環境省によって選定されている。1985（昭和60）年、全国に存在する清澄な水を再発見し、広く紹介することを目的として、まず「名水百選」が選定された（昭和の名水百選）。このとき東京都からは「青梅市　御岳渓流」と「国分寺市西元町　お鷹の道・真姿の池湧水群」が選ばれている。それから20年以上たち、社会情勢も変化したので、新たに「名水」を選ぼうということで「平成の名水百選」が新設された。ここに都内で唯一「落合川と南沢湧水群」が選ばれた。

選定の基準として、「地域住民等による主体的かつ持続的な水環境の保全活動」が特記されているので、川周辺の住民による努力が評価されたかたちだ。

環境省としては、昭和の100に加え平成の100を合わせ「名水200」としているが、「平成の」

というと昭和に〝代わっての〟選出のように見える。東久留米市のパンフなどは「都内で唯一」を強調しているが、もちろん都内の名水はここだけではない。

東久留米市には、北から黒目川、落合川、立野川という比較的大きな川が3本流れている。「名水」に選ばれた落合川は、市内で完結する一級河川（国が管理する河川、大きさの問題ではない）。市内八幡町付近の湧水を水源にし、南沢湧水群や竹林公園の湧水などを加え、黒目川と合流するまでわずか3・4キロ程度だが、流域には湧水が多く、縄文時代の遺跡も多く確認されている。文化的価値が高い川、ということができそうだ。

清流をたたえる南沢湧水群

黒目川は、「久留米」の名はここに由来するという説もある一級河川で、小平霊園近辺を水源に埼玉県朝霞市で荒川に注いでいる。この川の周辺にも縄文遺跡があり、アニメ映画『河童とクゥの夏休み』（原恵一監督、2007年）の舞台になったりしている。

この黒目川に落合川と立野川が合流する地点が「落合」で、明治以前このあたりは落合村と呼ばれていた。江戸時代に編まれた『新編武蔵風土記稿』には「前沢村より涌出る流れ二条あり、村内にて久留目川（注・黒目川）と合し一条となり」とある（東久留米教育委員会『東久留米の江戸時代』より孫引き)。「落合川」は名無し川だったようで、川の名は村の名に由来すると思われる。

川は一度〝死んだ〟

もともと東久留米市(久留米町)は「水」のまちであることを自覚していたと思われる。筆者が通っていた東久留米市立第二小学校の校歌には、「遠い祖先が拓いた久留米」に「きれいな水」があることが謳われ、校章が水車であることが盛り込まれていた。水車は小麦をひくためのもので、水田が少なく、主力穀物が小麦であるこの地の特徴的農業機械だったといわれている。

二小は1960(昭和35)年開校である。とても東京にある学校の校歌とは思えない内容だが、この土地の人びとはこの学校の(あるいはこの地域の)何を「価値」と考えていたかがうかがえる。

実際、筆者が小学校低学年の60年代半ばまではのどかなものだった。校庭のすぐ向こうには茶畑があり、その先には土の土手があって、土手を下ると落合川沿いに湿地帯や畑、小さな水田(陸稲と聞いた記憶もある)があった。近くには小さな牛小屋があり、その肥溜めもあった記憶がある。

経済成長とともにその環境が一気に悪化していった。住宅の増加に下水道の整備が追い付かず、川には生活排水が流れ込んだ。川は灰色に濁り、悪臭を発していた。73年、黒目川と落合川が合流するポイント近くに筆者が所属する中学野球部のグラウンドが一時的にあり、ファウルボールが川にしばしば飛び込んだ。それを拾いに川の合流地点に行き、網でボールをすくうのだが、そこは水量も多くとにかく臭かった。黒目川に比べて落合川は湧水量が多いせいか、少しだけ灰色が薄かったのを覚えている。しかし、どぶ川であることに変わりはなかった。

「きれいな水」という歌詞は絵空事になっていた。東京中の河川が損なわれていたといえる。行政は川を排水路として扱い、多くの人は気持ちのなかで川を見捨てていたのだろう。しかし、見捨てなかった人もいたということだ。

川を蘇らせるには

もちろん市民だけの力で川がきれいになるわけがない。70年代のさまざまな公害による環境汚染に対して、行政も企業も改善に取り組んだ。下水道の整備、川の改修、湧水による川の自浄作用、市民による清掃や改良活動が相まって、市内の川は息を吹き返していったに違いない。

東久留米市教育委員会発行の資料（『光の交響詩　写真でつづるふるさと東久留米』２０００年）によると、１９７６年頃には落合川の改修工事が進み、蛇行していた川がまっすぐになっている。83年には工事が最終段階に入ったという写真もあり、ほぼ現在の形となっているようだ。ただし、これは落合川下流（ここでは西武池袋線の東側とする）の改修についてのことだと思われる。

というのも「東久留米ほとけどじょうを守る会」発行の『東久留米　水と緑の散歩道』（２００７年）の年表によると、「落合川最上流部の河川改修工事始まる」は１９９２年３～11月となっているからだ。

いずれにしてもこの一連の改修が、落合川の水質にプラスに作用したことは確かなように思える。それに加えて市民が親しむことができる川を実現するには、市民団体の地道な活動があったようだ。

落合川の中流、多聞寺近くの毘沙門橋（夏場は子どもたちの〝プール〟のようになる）と老松橋の間に「いこいの水辺」がある。ここにはフェンスがなく、川辺は緑地になっていて、だれでも直接川に入ることができる。このスペースをめぐって、市民と行政がかなりのやりとりをしたことが記録に残っている。

都の改修案は川に対してフェンスを設ける治水優先のもので、ほとんど親水性がない。これに対して、市民からはフェンスを設置しない対案を提示して交渉した様子がうかがえる（東久留米ほとけどじょうを守る会発行『湧水のある街』１９９２年）。その結果として、96～97年に親水化工事がなされ、97年5月に「いこいの水辺」が完成した。「平成の名水百選」の選定要件に「親水性・近づきやすさ」もあるから、この点は市民の力によるといえるだろう。

「成功事例」への懸念

このようにしてどぶ川だった落合川は、名水と呼ばれるまでに蘇った。ひとまずは環境保護の成功事例といえるのではないだろうか。

しかし懸念がないわけではない。この川の最下流には「川岸遺跡」という旧石器・縄文時代と江戸時代の遺構があった。またそのすぐそばには「野草園」があったのだが、それらは災害に備える調整池に沈むことになっていて、２０２３年12月現在工事中である。下の２枚の写真はほぼ同じところを撮ったものだが、83年と２０２３年、同じような工事をやっているように見える。行政はその経緯を丁寧に説明しているとはいいがたい。

また、落合川は全流域にわたって親水性や生態系に配慮しているのか、親水性は部分的なのではないかという疑問が残る。

川は、ただの水路ではない。多くの市民が川を自分たちの生活に不可

83年の工事（『光の交響詩　写真でつづるふるさと東久留米』東久留米市教育委員会、p26）と2023年１月、落合川最下流の川岸遺跡近辺の工事（右）。左手にはスポーツセンターがある

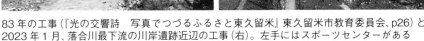

欠な共通財として認識し、行政なり企業に勝手なことをやらせない姿勢が必要だろう。

これは東久留米に限ったことではない。

たとえば、西武池袋線の石神井公園から所沢までの駅は、すべて「水」に関係している。石神「井」公園、大「泉」学園、保「谷」、ひばりヶ丘＝開設時は「田」無町、東「久留米」（黒目川）、清「瀬」、秋「津」、所「沢」である。

「持続可能な社会」をいうなら、地域と川のつながりや身近な「水」について、もっと関心がもたれるべきではないだろうか。


（**杉山尚次**）

【主な参考資料】
・平成の名水百選（環境省公式ホームページ）
・くるめの文化財（東久留米市教育委員会環境省公式ホームページ）

2013年
小平市で東京都初の住民投票
問われた民主主義のあり方

玉川上水を分断する道路計画

2013（平成25）年、小平市で東京都初の住民の直接請求による住民投票が実施された。問われたのは、国指定史跡の玉川上水を分断する半世紀前の都道整備計画を住民参加によって見直すべきかどうか。住民投票は投票率が成立要件の50％に達しなかったために不成立となり、投票用紙は開票されることなく廃棄された。全国的に注目された住民投票は民主主義のあり方をめぐる議論を巻き起こした。

問題となった小平都市計画道路3・2・8号府中所沢線は、高度成長期さなかの1963（昭和38）年に計画決定された。府中市から国分寺市、小平市、東村山市を南北に抜けて所沢市に至る。30年以上凍結状態にあったが、95年から着工が始まり、唯一未着手だった小平市部分について東京都は2010年の説明会で整備方針を明らかにした。

計画では既にある府中街道と並行して青梅街道から五日市街道までの約1・4キロに、植樹帯と歩道を含む標準幅員36メートルの4車線を新設する。都は計画の目的として▽南北交通の円滑化▽周辺道路の渋滞緩和▽良好な居住環境の確保▽地域の防災性や安全性の向上——などを挙げた。

しかし、この道路は都が歴史環境保全地域に指定し、国の史跡にも指定された玉川上水を36メートル

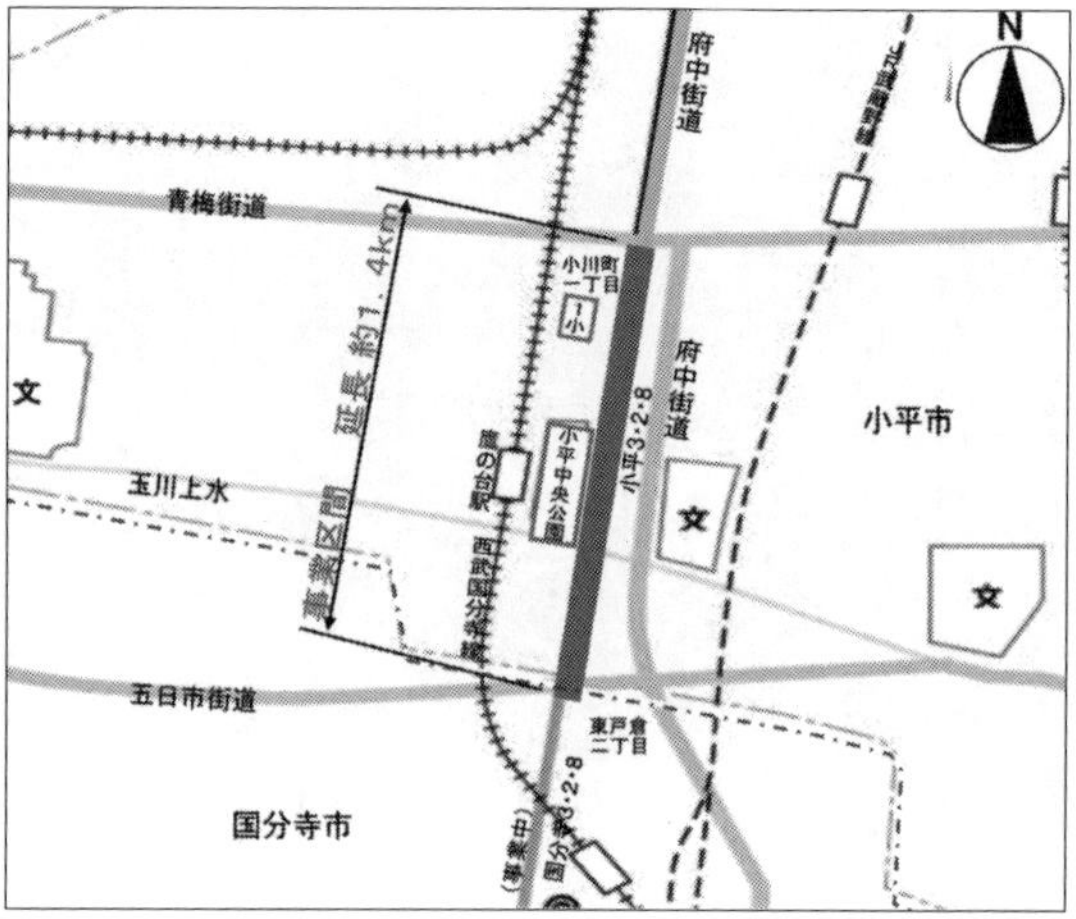

小平都市計画道路３・２・８号府中所沢線
（東京都建設局公式ホームページから）

幅で分断し、豊かな鳥類の生息地で市民が憩いの場として親しんできた小平中央公園の雑木林を大きく削り取る。約２２０世帯が立ち退きを迫られ、総工費は２００億円を超すとされた。

署名活動や要望書などで計画撤回を訴えてきた14の市民団体は２０１２年、計画見直しの必要性を問う住民投票を実現するため「小平都市計画道路に住民の意思を反映させる会」（以下、「反映させる会」）を結成し、直接請求に要する「有権者の50分の１」の２倍を超す７１８３筆の署名を添えて小平市に住民投票条例制定を求めた。

これは投票結果に法的拘束力がない「諮問型住民投票」で、議会や首長はその結果を尊重する義務がある。「多摩北部の発展に南北幹線道路は欠かせない」と主張してきた小林正則市長（当時）は議案提出の際、「住民投票は都の道路整備事業に支障をきたしかねない」と反対意見を付した。革新系の小林市長は「住民投票には肯定的スタンス」としながら「都の進める事業に市は一切の権限がない」「他市の工事の大半が進捗している」という状況下の「苦渋の判断」だったと著書『住民投票』に記している。

市民の直接請求による住民投票は90年代以降、全国で増加傾向にあるが、そのほとんどは議会で否決されてきた。しかし２０１３年３月、小平市の条例案は賛成多数で可決された。都市計画道路をテーマにした全国初の住民投票、そして東京都初の直接請求による住民投票として小平市の動きは全国的に報道されることになった。

投票用紙を廃棄処分

ところが、4月の市長選で3選を果たした小林市長は「住民投票の投票率が低いと市民の意思を反映しているとは言えない」として突如、臨時市議会で「投票率50％未満の場合、住民投票は不成立とし、開票しない」とする内容の改正条例案を提案した。「後出しジャンケン」という批判が議会内でもわき起こり、採決では賛成と反対が同数となったが、議長裁決で改正案が可決された。成立要件50％は直前の市長選の投票率37％と比べても極めて高いハードルだった。

投票は2013年5月26日に実施された。投票率は35・17％で不成立となった。有権者数14万5024人のうち5万1010人が投票したが、開票はされなかった。

「50％要件」「非開票」についてはマスメディアや市民から厳しい非難の声が上がった。13年5月29日付け日本経済新聞の社説は「投票に赴いた5万人を超す市民の声を確認すらしないのはやはりおかしい。(略)今回の小平市の事例のように首長が民意を問うことに消極的では、住民の信頼を得ることなどできまい」と批判した。

「反映させる会」は投票結果の情報公開を市選挙管理委員会に請求したが、非開示が決定。さらに投票用紙の開示を求める訴えを東京地裁に起こしたが、15年に最高裁が上告を棄却し、市選管は投票用紙を廃棄処分した。

道路計画で伐採予定の小平中央公園の雑木林は立入禁止となっている

議会制民主主義の欠陥

「反映させる会」が求めた住民投票の特徴は、投票の選択肢を「道路建設に賛成か反対か」ではなく、「住民参加で計画を見直すべきか、その必要はないか」とした点にあった。従来の「糾弾型」とは異なる「提案型」の運動であり、住民参加で街づくりを進める試みだった。

運動には哲学者の國分功一郎さん、人類学者の中沢新一さん、社会学者の宮台真司さん、作家のいとうせいこうさんら著名文化人がシンポジウムに参加するなどして支援の声を上げた。

自ら署名運動などに参加した小平市在住の國分さんは「日本では実際に施策を決めているのは行政だ。しかし立法府である議会が決めるという民主主義の建前によって、主権者である住民が行政の決定過程に関われない。これは民主主義の欠陥だ。住民が行政に参加できる制度を整えて議会制民主主義を補強していく必要がある」と訴える。「その一つの手段に住民投票があることを小平のケースは知らしめた。大事なのは、それぞれが自分の地域の課題について関心を持ち、話し合い、決めていくことだ」

「反映させる会」共同代表の一人だった水口和恵さんは「行政を変えていきたい」と2017年の小平市

長選に立候補して落選した。19年に小平市議となって23年に再選。住民投票から10年を経て水口さんは「市民が声を上げていくことの大切さは住民投票を通して伝えることができたと思う。望んだ結果は得られなくても、あきらめることなく市民の声を届ける活動を続けていきたい」と話す。

用地買収は既に7割ほど進んだ。住民たちは行政を動かすべく、今も学習会やシンポジウムを重ねている。小平で芽生えた住民自治の動きは途絶えていない。

（**片岡義博**）

【主な参考資料】

・小平市選挙管理委員会編「住民投票の記録」（小平市選挙管理委員会）
・小林正則『住民投票　ドキュメント3・2・8号線と市長の一言』
・國分功一郎『来るべき民主主義』（幻冬舎新書）
・中沢新一、宮台真司、國分功一郎「どんぐり民主主義ＰＡＲＴ２」（「atプラス16号」所収）

2020年

コメディアン志村けんが新型コロナで死去

「東村山音頭」ブレーク、一躍地元の英雄

加藤茶と組んでコメディーに新風

コメディアンの志村けんが2020年3月29日に逝った。新型コロナウイルスによる肺炎だった。享年70。突然の訃報だった。北多摩郡東村山町（現東村山市）出身の志村は1976（昭和51）年3月に所属するザ・ドリフターズの人気番組「8時だョ！全員集合」の中で歌った志村版「東村山音頭」で東村山の名を一躍全国に知らしめた。長年、芸能界の第一線で活躍して地元の知名度アップに貢献したとして亡くなった年の6月に名誉市民になり、西武新宿線東村山駅前には銅像が建てられた。

志村は1950（昭和25）年2月20日に生まれた。本名は志村康徳《やすのり》。両親と男3人兄弟の末っ子だ。父親は小学校の教頭を務めた厳格な人だったが、テレビの演芸番組を見ると楽しそうに笑って重苦しい家庭の雰囲気が明るくなった。それがコメディアンを志す理由のひとつになったという。ちなみに父の名は憲《けん》司《じ》で、芸名の「けん」はそこからとった。

ドリフターズの最若手として、マンネリ気味だった「8時だョ！全員集合」に新風を吹き込んだ。加藤茶とのコンビで数々のコントやギャグを繰り出して、少々古めかしく、やや田舎臭いドリフターズの笑いに都会的なセンスを付加したのも大きな功績だったと思う。

多くの笑いと感動をありがとう。
志村けんの像
多くの笑いと感動をありがとう

ギャグ「あいーん」のポーズをとった志村けんの銅像（西武新宿線東村山駅東口）

ドリフターズが解散してからは加藤茶と組んでお笑い番組で活躍、やがて単独で番組を持って「バカ殿」や「変なおじさん」などのユニークなキャラクターで人気を集め、俳優としても新境地を開いていた。

私は小学5年生から50年以上、東村山に住んでいる。志村は東村山第二中学、都立久留米高校（現都立東久留米総合高校）の7年先輩。志村が久留米高校の1期生で私が8期生である。

訃報をテレビのニュース速報で知ったときはショックだった。今、志村の和服姿の銅像がある東村山駅の東口ロータリーに献花台が設けられ、供物や花がたくさん手向けられていた。私はカップ酒を供えた。

志村版「東村山音頭」が初めてテレビで流れたのは1976年3月、TBS系の人気番組「8時だョ！全員集合」の中でだった。新参の若手で、それまで今ひとつパッ

「東村山音頭」をヒットさせて市の知名度を高めたとして、当時の熊木令次市長（右）から感謝状を贈られる志村けん（1976年、東村山市提供）

としなかった志村が番組の中の「少年少女合唱団」のコーナーで歌い始めて、たちまち人気が沸騰した。

志村は自伝的エッセーでこの歌の誕生秘話を書いている。ドリフターズに「坊や」で入った志村は、見習いから正式メンバーになってからもリーダー、いかりや長介にしばしば「おい、田舎者」と呼ばれていた。志村は内心、「東村山は東京都なんだぞ」と反発しながらも半分ヤケになって地元の盆踊りでおなじみの東村山音頭を、節をつけて歌っていた。ある日、いかりやが「お前、それおもしれえよ、やれやれ」とけしかけたという。それで替え歌と踊りが出来上がった。

私はその年の4月に大学に入学した。クラスコンパやサークルの新入生歓迎会で「出身は東村山です」と自己紹介すると、どっと笑いが起きて「歌え、歌え」とはやし立てられた。大人たちから低俗番組と揶揄され続けてきたが、「8時だョ!全員集合」の波及力はすごかった。

東村山音頭は１９６３年に市制施行を記念して発表され、往年の人気歌手、三橋美智也が歌って、盆踊りの定番音頭になった。「東村山〜　庭先ゃ多摩湖　狭山茶どころ情けがあつい……」。志村の「東村山音頭」を初めて聞いた時は、気恥ずかしかったが、東村山はすっかり有名になった。大学の地方出身の友人から「東村山って東京都なんだな。群馬県だと思ってた」とか「行ってみたけどなんにもない。田舎だなあ」と言われた。確かにそのころの東村山は今よりずっと畑が多くて、マンションはまだほとんどなかった。

進路希望は「コメディアン」

私が久留米高校在学中、志村はまだドリフの見習い扱いでテレビで見ていても元気はあったが目立たなかったように思う。でも人気番組のレギュラー出演者だから知名度は高まっていた。

高校の歴史教諭で沼野という先生のことを思い出した。ユニークな初老の男性教師だった。いつも地味な普段着で、ズボンの腰に手ぬぐいをぶら下げていた。授業ではよく脱線した。太平洋戦争の戦地での体験から危険を察知する感覚が磨かれて、今でもビルの工事現場の脇を通るときは落下物には細心の注意を払って用心するとか、不思議にそういう話を覚えている。昼休みにふらっと教室に現れて生徒たちの弁当をのぞき込んで「あっ、ウナギが入ってる。日本も豊かになったなあ」と言ったりした。京都・奈良の修学旅行の前に奈良の飛鳥寺の来歴やご本尊の仏さまの詳細なうんちくを書いた青焼きの資料をつくってくれた。

その沼野先生は志村の担任だったと思う。進路相談で先生が志村に「大学行くのか?」と聞くと志村が「行かない」と答えた。「じゃあ、就職か?」と尋ねると、うなずいて「うん、コメディアンになる」と即答した。そんな話をして私たち生徒を笑わせた。久留米高校はブレザーの標準服はあったが私服もＯＫだった。しかし、私たちのころはほとんどの生徒が標準服を着ていた。志村はいつもラフな服装で、ビートルズかぶれの長髪だったとか。文化祭で、そのころ人気があった三波伸介率いる「てんぷくトリオ」のマネをして沸かせたこともあるという。

先生に答えた通りに志村はコメディアンの道にまっしぐら。高校卒業間近の寒い雪の晩、都内のいかりや長介の自宅マンションを訪ねて弟子入りを志願するものの、断られてしまう。だが志村は粘った。12時間も座り込んで、根負けしたいかりやに弟子入りを許された。

真面目で優しく、信念貫く

2004年に日本テレビ系で始まり、長く続いた「天才!志村どうぶつ園」は動物たちとの触れ合いを通して志村の素顔が垣間見える番組だった。「優しくて真面目な人なんだなあ」と思いながら見ていた。彼は自伝に書いている。「好きな道一筋でここまで来られたのだから、けっこう幸せだったと思う」「最後は自分しかいない。最後の頼りは自分だけ、という信念みたいなものがあったからこそ、いやなこと、つらいことがあっても頑張れた」。

お笑いの世界は詳しくないけれど、テレビで見ていると今は吉本興業の芸人ばかりが目立つような気がする。80年代初めの漫才ブーム以来、お笑いの世界は大阪弁が席巻しているように感じる。志村は漫才コンビ「ツービート」で世に出たビートたけしと並んで、芸能分野で東京弁の笑いを守った代表選手だったと思う。地元の名士と言えば政界の大立者や大実業家、著名な文化人などが思い浮かぶが、庶民に愛されたコメディアンが「地元代表」というのも、何だかうれしい。

銅像設置も東村山市や市民が協力してプロジェクトを立ち上げ、クラウドファンディングで献金を呼び掛けたところ、海外からも含めて6000人が応募。目標額の2400万円をはるかに超える資金が集まって死去から1年3カ月で完成した。

2023年夏、東村山市内各地に盆踊りのにぎわいが戻った。新型コロナ蔓延による中止を乗り越えて4年ぶりの復活だ。秋津神社、久米川駅北口広場、諏訪神社……。折からの猛暑を吹き払うように鳴り響く笛、太鼓に合わせて住民らの踊りの輪が広がり、初めて東村山音頭を聴いたのか戸惑う子どもの手を取って踊り方を教える大人の姿も。東村山「全国区化」の立役者で、無念にもコロナ禍に倒れた志村けんをしのんで踊った人もきっといただろう。

（中沢義則）


【主な参考資料】
・志村けん『志村けん　160の言葉』（青志社）
・志村けん『志村流』（三笠書房）
・東村山音頭（東村山市公式ホームページ）
・志村けん氏（東村山市公式ホームページ）

２０２１年
東久留米駅西口に「ブラック・ジャック」像設置
マンガやアニメでまちおこし

手塚ブランドの活用

２０２１年3月10日、西武池袋線東久留米駅西口のロータリーに、マンガ家手塚治虫の代表作のひとつ『ブラック・ジャック』の主人公像が設置され、その除幕式がおこなわれた。手塚治虫は１９８９年に亡くなっているが、晩年の約10年、東久留米市に住んでいたという縁があり、東久留米市のまちおこしに〝一肌脱いだ〟かたちになっている。

東久留米市は１９７０年10月1日に市制が施行され、２０２０年度に市制施行50周年記念事業が実施されてきた。その事業の一環としてこの銅像は実現した。銅像に加え、『ブラック・ジャック』のキャラクターをあしらったデザインマンホールを5枚作成、市役所や中央図書館の前など市内5カ所の道路に設置している。

募金協力などでこの事業に協力したＮＰＯ法人「東久留米みんなの夢広場」は、この事業の目的を次のように述べている。市や商工会議所が推進する「観光事業の一翼として、東久留米がマンガの聖地として自慢できる我が街『手塚先生＝東久留米市』となれるよう、またこのシンボルが他のイベントとコラボレーションすることにより人々の来訪を促し、市内の特産品、名所、湧水の街をアピール」する。つまり、

ブラック・ジャックとピノコの像は東久留米のシンボルとなるか？（2021年3月10日撮影）

〝マンガの神さま〟といわれる手塚ブランドの力を借りて地域振興を企図する、ということだろう。

東京都や豊島区の施策

マンガやアニメを活用して地域を活性化しようという試みはいたるところでなされている。東京都は率先してそれを推進しているようだ。都には「アニメ等コンテンツを活用した誘客促進事業費補助金」という制度があり、「ブラック・ジャック」像もこの補助金を活用している。補助金の申し込み要件を見ると、「デザインマンホール」も補助の対象となっている。

また、2023年8月、「池袋・豊島・西武沿線　レトロ百貨店」という展覧会が西武池袋本店でおこなわれた。いわば〝デパートおこし〟のイベントだが、ここでも西武池袋線で池袋の隣、椎名町近くにあって、やがてマンガの巨匠になる人々が暮らした「トキワ荘」のミニチュア模型が展示されていた。「ときわ荘」は手塚治虫、藤子不二雄、石ノ森章太郎、赤塚不二夫らが若かりし頃、集団で暮らしていたアパートとして有名だが、西武百貨店のこのイベントではここを〝近所の聖地〟として扱おうとしていた。

豊島区は、「トキワ荘」があった場所の近くに区立「トキワ荘マンガミュージアム」をつくっている。近隣には「トキワ荘マンガステーション」という図書館、「トキワ荘通り昭和レトロ館」（昭和歴史文化記念館)、「お休み処」もあり、通りの名も「トキワ荘通り」である。マンガによる地域振興の本気度がうかがわれる。

東久留米も、先のNPO法人「東久留米みんなの夢広場」は、「駅前より小金井街道までを『手塚通り』とし、オブジェを中心に大勢の人が集まる語らいの場(夢広場)を作ること」をサイトで標榜しているが、その本気度が問われるだろう。

西武池袋線とマンガ家の物語

「トキワ荘」に集っていた大御所たちの多くは、その後も西武線沿線に住みついたようだ。マンガ家はマンガ家を呼ぶ。大御所の弟子筋の人や若い時大御所のアシスタントをしていた人がマンガ家として一本立ちし、この沿線に住む……ということで、この沿線にはマンガ家が多いように思える。

「トキワ荘」住人のひとり、石ノ森章太郎の仕事場は西武池袋線の桜台にあったという。これは竹宮惠子の自伝的エッセイに載っていた。彼女はマンガ家になるために上京すると、担当の編集者の紹介で石ノ森章太郎の仕事場があった練馬区の桜台に住んだ、とある。

その後、竹宮は西武池袋線の大泉学園に住むことになる。そこに意気投合した萩尾望都が加わり共同生活が始まった。それは1970年秋のことだった。そこは少女マンガ界の「トキワ荘」のイメージであり、やがて「大泉サロン」と呼ばれるようになった。しかし、才気あふれる若い作家の同居生活が長続きするわけがない。2人は互いに傷つきながら訣別する。その話は長く封印されていたが、萩尾が封印を解くエッセイを刊行したので、一般読者の知るところとなった。

これは大泉学園の秘められたマンガ家物語だが、2023年2月に亡くなった松本零士と大泉学園の関係が深いことは有名だ。大泉学園駅の発車メロディは、劇場版『銀河鉄道９９９』のテーマ曲だし、駅には大きなパネルやオブジェもある。これは松本が大泉在住で、なにかとこの地に肩入れしていたことによると聞く。

物故者が続くが、21年12月に亡くなったマンガ家・古谷三敏（手塚治虫、赤塚不二夫の元アシスタント）がオーナーをしていた「ＢＡＲレモン・ハート」も大泉学園にある。古谷の「ＢＡＲレモン・ハート」は、酒と酒場のうんちくマンガで超長寿作品としても知られていた。

さらに大泉学園には東映の東京撮影所とその関連の東映動画があった。現在、大泉学園駅の北口の通路には、関連する作品がパネル展示されていたり、キャラクターの銅像が置かれ、「アニメの街」であることを主張している。東久留米市の銅像は、これを意識しているのかもしれない。

東久留米市はどこまで本気？

さて、東久留米とマンガということでいうと、高橋留美子の『めぞん一刻』を挙げないわけにはいかない。80年代のラブコメディで、名作といわれている。作品に登場する駅舎、商店街、踏切、スナックetc.は、東久留米がモデルだといろいろなところで指摘されている。作品連載当時、東久留米に住んでいた作者（現在は大泉学園在住のようだ）が、実在するそれらを作品の舞台として取

大泉学園駅北口のコンコースにある
『銀河鉄道９９９』のメーテルと鉄郎の像

り入れたというのである。一例を挙げると、何度も登場する「時計坂駅舎」は、いまは取り壊された北口の駅舎そっくりだ。

2009年、東久留米北口駅舎が建て替えられる際、地元の商店街有志が、さよならイベント「めぞん一刻時計坂駅面影巡りスタンプラリー」を催した。このとき、駅名の看板を1日だけ「時計坂」としたり、そのポスターにヒロインの「管理人さん」を載せているところをみると、作者本人が『めぞん一刻』の舞台は東久留米である、と半ば公認していると思える。

にもかかわらず、東久留米市は『めぞん一刻』にあまり関心があるように思えない。たしかにずいぶん前の作品である。しかし、〝観光地〟としてマンガ・アニメで人を呼ぼうというのなら、手塚治虫だけではなく関連するコンテンツをさらに探るべきではないだろうか。間違いなく、そういう〝お宝〟はもっとあるはずだ。

（杉山尚次）

【主な参考資料】
・マンガ「ブラック・ジャック」を通じた東久留米市の地域振興について（東久留米市公式ホームページ）
・東久留米みんなの夢広場（同法人公式ホームページ）
・竹宮惠子『扉はひらく いくたびも─時代の証言者』（聞き手／知野恵子、中央公論新社）
・萩尾望都『一度きりの大泉の話』（河出書房新社）

2021年

自由学園が創立100周年
「よい社会を創る人を育てる」

「自由」めぐる戦いの歴史

東久留米市学園町に10万平方メートルのキャンパスを擁し、独創的な教育で知られる自由学園が2021年4月15日、創立100周年を迎えた。戦争が影を落とした苦難の時代から、日本の教育が180度変わった戦後も、「よい社会を創る人を育てる」という理念はブレず、前へ進んできた。そして次の100年に向け、2024年4月にスタートする中高の男女共学化で、「共生共学」の学校としての一歩を踏み出そうとしている。

羽仁もと子・吉一夫妻。ともにクリスチャンでジャーナリストだった2人が、キリスト教を土台とした人間教育を目指し、「思想しつつ、生活しつつ、祈りつつ」をモットーに創立した自由学園。1921年4月15日、校舎があった東京・雑司ヶ谷の自由学園明日館《みょうにちかん》での第1回本科入学式に女子生徒26人を迎えた。

それから一世紀。2021年4月15日、明日館の講堂で100周年記念礼拝が行われた。新型コロナウイルス禍のため100周年で唯一行われ、80人が参加したこのセレモニーで、高橋和也学園長は100年の感謝を込めて礼拝をささげた。さらに校名の由来ともなった、ヨハネによる福音書8章32節の「真理は

初等部の子どもたちに囲まれた創立者・羽仁もと子、吉一夫妻（1953年、自由学園資料室所蔵）

あなたたちを自由にする」の言葉もひき、「私たちの学校が『自由学園』であり、『真の自由人を育てる』という教育の目的を掲げていることは本当に素晴らしいこと」と話した。

振り返れば、学園の歩みは「自由」をめぐる戦いの歴史だった。「自由がなければ真の人間教育はできない」「究極的にそれは神のみが行い得る」という信念から、文部省（当時）の管轄を受けない各種学校としてスタート。そのため1935年に発足した男子部の生徒は、戦争が始まると士官候補の道や徴兵猶予の特権もなく、繰り上げ卒業で戦地に送られ、12人が犠牲になった。

校名から「自由」の名を外すよう文部省から圧力をかけられ、生徒らへの弾圧も相次いだ。高橋学園長はセレモニーで「私たちは日々の生活の中で与えられている自由を守り、正しく行使し、平和を実現する学校を目指したい」との決意を改めて示した。

戦後の民主主義教育と一致

学園は1927年に初等部、35年に男子部、39年に幼児生活団（現・幼児生活団幼稚園）と続々規模を拡大。34年には久留米村（現・東久留米市）南沢に移転し、広大なキャンパスで生徒たちが「自治」生活を通じ、学びを重ねてきた。

「自主独立の人として生きていくことが大事」と、女子部を中心に昼食は交代で作り、学校用地の畑で野菜を栽培、豚などの飼育も手掛け、食の原点を知る。自分が使う机といすは自ら作り、「社会を輝かせながら幸福に生きる技」の美術・音楽・体操などを学び、「社会に働きかける」さまざまな活動も。こうした学びは戦後、180度変わった日本の教育界で注目を集める。

連合国軍最高司令官総司令部（GHQ）の民間情報教育局（CIE）が、来日した米国教育使節団向けに作ったガイドブックで「女子教育で見るべき学校」のひとつとして自由学園の名を挙げた。これをきっかけに、戦後教育のカリキュラムを模索する教育関係者らが次々と自由学園を視察に訪れる。

「民主主義を学ぶために、体験を豊かにしていく教育をという世の中の動きが、自由学園がずっとやってきた動きと一致した」と高橋学園長。一方、「民主主義や自由というものが軽く言われる世の中の風潮に、創立者は抵抗も。吉一は『自由学園の自由はそんな簡単なものではない』と書いています」

やっときた学園の時代

7年制の各種学校だった女子部、男子部は1947〜48年、新制中学校・高等学校として認可を受けた。49〜50年には、男子最高学部（大学部、4年制）、女子最高学部（2年制）を設置。高等科までの学びをさらに極められるように。それを見届けるように55年に吉一、57年にもと子と創立者夫妻が相次いで逝去したが、第2代学園長に就いた夫妻の三女・恵子をはじめ歴代の教職員らが志を継いだ。その後も、教育の実践をめぐって文部省（文部科学省）と見解が分かれることもあったが、「2022年に文科省の学習指導要領を担当している人から、『やっと自由学園の時代になりましたね』と言われました」（高橋学園長）。

この間、創立2年後の関東大震災をはじめ、戦後も阪神・淡路大震災、東日本大震災などでの災害救援・復興支援活動、農村文化運動、国内外での植林活動、各種ボランティアや地域貢献などに生徒らが携わり、「学校から社会へ」と広い意味での教育活動・社会活動を展開。戦前から続く近隣と自治体、地域住民らとのさまざまな連携・交流も活発に行われてきた。

卒業生が教える学びの成果

こうした人間教育の成果の一端が、100周年記念サイトにアップされている「自由学園100人の卒業生＋」プロジェクトでわかる。2016～21年に行われたOB・OG100人のインタビュー集。30～40代が中心で、教職、ビジネスパーソン、農家、旅館女将、弁護士、医師、新聞記者、テレビディレクター、デザイナー、歌手、アナウンサー、能楽師……と多彩な職業の卒業生が登場している。

「学校の学びをどう思っていたのか。彼らの話を聞いて、この教育に自信を持ちました。多くの人が語っていたのが、良い社会を創るということ。自分の人生だけでなく、どうしたら社会が良くなるかと思って生きているのだと。在校生や保護者にも関心を持ってもらえるとうれしい」（高橋学園長）

このほか、100周年ではさまざまなプロジェクトが取り組まれ

100周年プロジェクトのひとつ「自由学園100人の卒業生＋」のサイト画面

た。『本物をまなぶ学校　自由学園』（婦人之友社）と、初めての通史となる『自由学園一〇〇年史』（自由学園出版局）の出版、また、写真や年表などで学園の歴史をたどり、随時更新中の「デジタルアーカイブ自由学園100年＋」もある。「後世に対する責任、これからに向けての種をまいた。自由学園を知りたい人に活用してほしい」

「共生共学」の学校へ

2024年4月からは長年の課題だった「中高男女共学」がスタート。最高学部では、1999年に男女共修が実現したが、そこから四半世紀を要しての学校改革。そこには時代に向き合い、あるべき姿を目指して形を変えてきた同学園ならではの思いもある。「共生共学」だ。「国、年齢、性別を超えて人と人がより良く生きていく社会、人と自然の調和、そして地球や世界の課題に行動を起こし、愛をもって社会に働きかけていく学校を目指す。平和と持続可能性の社会が私たちの思う未来図です」

高橋学園長は、戦後の歩みを振り返り、こう繰り返す。

「終戦で世の中の価値がひっくり返った時期にも、創立以来行ってきた自由学園の人間教育は変わらないことを確認し、戦後の出発ができたのは誇るべきこと。今後も『自由』を守り、発展させ、自分の頭で考え行動する人がここから巣立っていくことが、今この教育を継ぐ私たちにも求められています」

（倉野武）

【参考資料】
・『自由学園一〇〇年史』（発行：自由学園出版局、発売：婦人之友社）
・学校法人自由学園創立100周年記念サイト

2022年 多摩モノレール延伸計画発表

東西を貫く交通インフラ完成へ

遅れた北多摩の道路整備

2022年11月、多摩都市モノレールの上北台（東大和市）から西多摩郡瑞穂町・箱根ケ崎まで約7キロの延伸計画が発表された。新青梅街道沿いに高架軌道を設置し、7つの駅を設ける。旧北多摩郡内で唯一鉄道を持たなかった武蔵村山市地域にも5つの駅ができるという意義に加えて、戦後を通じての課題だった北多摩を東西に貫く交通インフラ整備の1つの到達点という意味でも画期的な出来事だ。

東京・多摩地域はもともと23区に比べて交通インフラの整備が遅れていたが、特に道路は戦後になってからも旧態依然のままの状態が続いた。都心から西に延びる幹線道路は南の甲州街道と北の青梅街道が基本で、拡幅や舗装などの整備も長く手が付けられなかった。

甲州街道は1964（昭和39）年の東京オリンピックの際、マラソンコースとなったこともあって改修が進み、それに沿った首都高速道路4号線、中央自動車道の建設といった形で近代化された。

しかし、国鉄（後にJR）中央線より北側の地域では貧弱な道路事情が続いた。江戸時代から甲州街道の裏街道となっていた青梅街道は急速で無秩序な市街地化、住宅地化が進んだ影響もあって拡幅もままならず、1960年代になっても未舗装の道路をバスやトラックが土ぼこりを舞い上げながら住宅や店舗す

玉川上水駅（東大和市）付近を走る多摩都市モノレール（2023年9月）

れすれに走った。交通量が爆発的に増えるに伴い、渋滞や事故もひどくなり、脇道にも車があふれた。

青梅街道のバイパスとしての新青梅街道建設の必要性は認識されており、終戦直後の復興計画でも打ち出されていた。

「疑似高速道」としての新青梅街道

新青梅街道は新宿区西落合1丁目から瑞穂町箱根ケ崎に至る約49キロの都道で、新宿、中野、杉並、練馬、西東京、東久留米、小平、東村山、東大和、武蔵村山、瑞穂町の4区、6市、1町を通過する。

1958（昭和33）年の着工以来工事が進められ67年、東村山市までが開通した。さらに71年、瑞穂町までが全通した。幅員18メートルで4車線、歩道を分離し、これにより都心との自動車によるアクセスは飛躍的に改善した。

筆者は小学生から高校生までに当たる1960年代を保谷市（現西東京市）で過ごした。ちょうど建設中だった新青梅街道は格好の遊び場所だった。周

道路工事中の新青梅街道（1960年ごろ、西東京市図書館所蔵）

辺ではアスファルト舗装自体が珍しく、作業が行われていない間の工事現場に入り込んだ子どもたちがローラースケートの練習や自転車での競争に興じていた。周囲は畑と雑木林が広がる昔ながらの風景だった。

新青梅街道が開通すると沿道の風景は一変した。モータリゼーション、大量消費時代の到来を受けて畑は次々に買収され、広い駐車場を備えた自動車販売店、大型家具店、量販店、ファミリーレストランなどが建ち並ぶようになった。

新青梅街道は西東京市・北原交差点から西はそれまでの２車線道路から見違えるような４車線道路になって、車は一気にスピードを上げる。一方、南側に並行する青梅街道は４車線に拡幅されているが、同市田無町１丁目交差点から西は狭く曲がりくねった旧道の面影を残している区間が多く、とても車でスムーズには走れない。田無町１丁目と北原交差点間の約５００メートルは所沢街道の一部を拡幅して新旧青梅街道をつなぐ工夫をしているため、東から青梅街道を走ってくるとそのまま４車線のまま新青梅に入ってしまう感じだ。

北原交差点以西の新青梅はまさに旧青梅のバイパスとして機能し、北多摩を貫く唯一の疑似高速道、疑似自動車専用道とも言えるだろう。それでも交差する主要道路との立体化はほとんど進まず、朝夕のラッシュ時には渋滞がなかなか解消されていない。

東村山市内では、西武新宿線と空堀川をまたぐ栄町陸橋が難工事の末に67年11月完成した。しかし開通直後に欄干への衝突事故が発生、線路に転落する車が出ないかといった懸念も浮上した。さらに沿線での住宅地化が進むにつれて歩行者の安全確保策が急務となるなど課題が次々に生まれ、改良が重ねられた。

悲願だった多摩モノレール延伸と「新青梅完成」

多摩都市モノレールは東京・多摩地域を南北に貫く公共交通インフラとして1998（平成10）年開業、現在は多摩市・多摩センター駅から立川市のJR立川駅を経て東大和市・上北台駅までの約16キロで運行されている。2023年2月に累計利用者数が10億人を突破し、営業黒字経営を維持している。

東京都は2022年11月、上北台から瑞穂町のJR箱根ケ崎駅付近まで、新青梅街道沿いに西へ7キロ延伸する計画を明らかにした。住民への説明会によると、東大和市と武蔵村山市にまたがる付近に1駅、武蔵村山市内に4駅、瑞穂町に2駅の合計7駅を設置する予定という。これに沿った新青梅街道の5・1キロ区間（東大和市、武蔵村山市）では道路幅を18メートルから30メートルに拡幅する工事が進められている。総事業費は約1030億円。

東大和市と瑞穂町の間の公共交通機関と言えば、これまで主に狭く曲がりくねった旧青梅街道沿いに走るバスに限られていた。新青梅街道沿いには渋滞を恐れてバス路線は設けられず、マイカー客を目当てにした大型店舗などは並ぶものの、市街地のにぎわいは生まれなかった。

2010年1月に地元から東京都に要望書が提出され、人口7万人余りの武蔵村山市で3万人の署名が集まるなど悲願のモノレールが開通することにより、西武鉄道経由で新宿に出ることもでき、JR中央線などの利用もしやすくなる。鉄道の駅が一つもないといった「田舎イメージ」が大きく変わることが期待される。

武蔵村山市ではこれまでにさまざまなイベントなどを通じて市民の意識高揚と、モノレールを通じた地域振興計画策定を進めてきた。延伸計画が発表されたことを受けて開かれた市民ワークショップでは、それぞれの駅周辺の特徴を生かした開発の夢と希望が語られた。通勤・通学をはじめ、生活の利便性が飛躍的に高まることで新住民を呼び込み、豊かな自然を含む地域の魅力をアピールして人々を迎え入れようとする狙いだ。

しかし、具体的な建設、整備計画の策定はこれからの課題で、着工は早くて2026年、開業は2030年代半ばとされる。モノレールが多くの利用客を得て安定的に経営されることも課題だ。「モノレールを呼ぼう!市民の会」の澤田泉会長は「市民はこれまでさんざん待たされたという実感から、今後着実に事業計画が進むことを祈るような気持ちで見ている」と明かした。

「開通したら絶対乗ります」

2023年11月18日、立川市の多摩都市モノレール車両基地で恒例の「多摩モノまつり」が開催された。高所作業車やフォークリフト、車両牽引の実演など普段は見ることのできない舞台裏の作業を間近で見学できるとあって、午前10時の開場前から大勢の家族連れが詰めかけた。

一番人気は運転士が運転台の操作を説明してくれる「運転台見学」。車両後方の運転台では車掌の帽子を被って撮影できるため、早々と90分待ちの長蛇の列ができた。東大和市から来た子ども連れの夫婦は小学生の息子が大の鉄道好きという。「初めて来たけれど、普段使っているモノレールを身近に感じることができた。人がいっぱいでびっくりです」

あきる野市から来たという鉄道ファンの高校生は、買い込んだ鉄道グッズを手に「めっちゃ楽しい。延伸計画は知っています。いつできるか分からないけど、開通したら絶対乗ります」と声を弾ませた。

（飯岡志郎）

【主な参考資料】

・『東村山市史』
・『東久留米市史』
・こだいらデジタルアーカイブ（小平市立図書館）
・「多摩都市モノレール延伸（上北台～箱根ヶ崎）計画及び関連する都市計画道路」（東京都、多摩都市モノレール株式会社ホームページ）
・「モノレール沿線まちづくり構想」（東大和市、武蔵村山市、瑞穂町公式ホームページ）
・「モノレールを呼ぼう！市民の会　10年の軌跡」（冊子）

あとがき

「多摩」は地域名としてはよく知られているが、厳密にどこを指すのかは意外と簡単ではない。タマの語源は諸説あるらしい。埼玉のタマもたぶん同源なのだろう。

数万年前から河川沿岸や湧水域を中心に人が住み着き始めたこの地域は、厚く関東ローム層に覆われて水が得にくく稲作には適さなかった。平安時代には現在の東京、神奈川、埼玉にまたがる武蔵国南部が武蔵国多摩郡と定められた。中世以降は武士勢力の領土・支配権争奪の場となり、江戸時代には畑作物を中心とした食料生産や物資調達のほか、大都市江戸への水供給や主に甲州方面への交通を担う役割が増した。明治以降の近代国家化の過程では軍事基地、軍需産業が集中する地域ともなった。

首都が東京となったことで多摩の所属は転変した。過去のいきさつから大部分は一時神奈川県に帰属し、後に東京府に編入された。「保谷」（現西東京市）はもともと埼玉県に含まれていた。

三多摩（北多摩、南多摩、西多摩）と呼ばれるようになったのは明治時代で、それまでの多摩郡が東多摩を含めた4つに分割され、そのうち東を除く3郡が神奈川県に属したときに始まる。多摩川を挟んで北側が北多摩、南側が南多摩で、多摩川水系の上流域や山間部が西多摩になる。ちなみに北多摩、南多摩はすべての自治体が市となったため、現在「郡」の名が残るのは西多摩だけだ。

地域報道サイト「ひばりタイムス」に2023年、51回にわたって連載した「北多摩戦後クロニクル」の執筆に当たった6人はいずれも西武鉄道沿線に住んでおり、戦後急速に変貌を遂げた地元を年代記（クロニクル）の形を取って見つめ直してみようという発想から出発した。

ほぼ生まれ育った土地の割には「郷土意識」が薄かった私のような人間もいれば、15年前この地に住居を定めた者もいる。おおよそ共通しているのは仕事の場を主に東京都内に求め、そのための住居としてたまたま「北多摩」の住人となったことだ。

私自身、勤め人としての生活を終え、自分の住む足元を見直した時、あまりにも地元を知らないことに気付いた。少なくとも戦後、この地域に何があったのか、思いつくままに挙げることから始めた。「この地域」とは西東京、東久留米、小平、東村山、清瀬の１９６２年から70年にかけて市制を敷いた5市を指す。西東京が田無と保谷に分かれていた時期には「多摩６都」とも呼ばれていた、ある程度一体感のあるエリアだ。しかし適切な名称がないのには困った。「北多摩北部」や「北多摩北東部」では今一つだ。テーマによっては5市周辺の市、区にも取材対象を広げることにした。

毎週1本、メリハリのあるテーマをそろえることは至難の業に見えた。資料入手や取材先の協力を得るのも手探りだった。

人々の注目を集める出来事は多くなく、平穏。現在約75万人の人口を擁するこの地域には、行政的にも経済的にも目立った中心がない。行政を強力に引っ張るカリスマのような指導者も生まれにくく、市長の名前すら知らない住民も少なくないだろう。

しかしこれといって特徴もないような東京の一郊外にも、戦後の激動の波は確実に押し寄せ続けた。東京であって東京ではないニュアンスを持った「都下」という呼び方は間もなく影を潜め、都心を中心点とした首都圏の広がりにのみ込まれた。「23区並み」を目指したインフラ整備は他の東京郊外地域と競争で進んだ。

「北多摩戦後クロニクル」の項目選びは、この各種インフラ整備とそれを背景とした住民の生活の変化をたどることと重なった。もちろんあくまでも点描であり、歴史の網羅的記録ではない。しかしこの地域、いや類似の軌跡をたどった東京郊外に暮らすさまざまな世代の人にとってそれぞれの経験、記憶を呼び起こすことになるのではないか。

戦後、この5市はベッドタウンとして急発展した。都心の職場に通うためここに住み始めた世代からおそらく4代目、5代目が育っている。その人たちから見れば立派な「ふるさと」だ。5市に共通する居住メリットは適度な自然と静かさ、交通・買い物・医療など生活場面でのまずまずの便利さ、災害、犯罪、事故などのリスクの低さ——などに集約される。逆に言えば成長や活力、将来への夢というイメージではないと言える。

国立社会保障・人口問題研究所が2023年12月に発表した「2050年までの地域別将来推計人口」によると、東京都以外の全道府県で2020年の人口を下回る。東京都も市町村（多摩地区と島部）ではほとんどが減少傾向で、5市の中では西東京だけがわずかに増えると予想している。そして高齢者の割合は例外なく高まる。つまり東京への流入がしばらく増えても、勤め人が住居を多摩地域に求める勢いは弱まっており、ベッドタウン一色ではなくなりつつあることを示している。

これを踏まえた行政の施策、産業の在り方、住民の意識変革が求められる。人口が頭打ちとなり、高齢化が進み、企業の進出や大規模開発が減少すれば地方での税収が得にくくなり、財政の効率化が必然となるだろう。しかしそれは一概に衰退を意味するものではない。

たとえば高齢者が増えるということは一方で、経験、知識が豊かで意欲も旺盛な人生のベテランが地域に貢献するチャンスでもある。彼ら彼女らに活躍の場と生き甲斐を与える工夫は重要であり、すべての世代が安全で住みやすくサステナブルな地域を創出するために必要でもある。間もなく戦後80年を迎える。さらに10年、20年と編み続ける年代記にはそのような幸せな北多摩像が描かれると願いたい。もちろん世界と日本の平和が確保されることが大前提であるのは言うまでもない。

連載を通じてひばりタイムスの北嶋孝編集長からはきめ細かな助言と指導を受けた。また各施設、関係者からは取材や写真、資料提供などで多大な協力をいただいた。ひばりタイムスの読者からは励ましや貴重な意見というかたちの支援を頂戴した。深く感謝申し上げます。

2024年1月

飯岡志郎

年	北多摩北部の出来事（太字は本文で取り上げた項目）	日本の出来事
1944	**多摩地域の軍需工場や軍事施設などへの米軍空襲が始まる**	
1945	北多摩地域に時限爆弾、1トン爆弾、模擬原子爆弾（パンプキン）投下 東京産業大学（現一橋大学）小平校舎に米軍進駐	東京大空襲。広島・長崎に原爆投下。ポツダム宣言受諾
1946	東京女子薬学専門学校（現明治薬科大学）、田無に移転 **小平の小金井カントリー倶楽部を占領軍が完全接収（〜52年）** 東京都薬用植物園が小平に開園	日本国憲法発布
1947	**養護施設「東京サレジオ学園」が小平に移転、開校** **清瀬に結核研究所臨床部開設。付属療養所を経て89年、複十字病院に改称**	
1948	**津田塾大学が小平に開校** **小平霊園が開園**	
1949	**田無の仮装大会始まる（〜60年）**	
1950	武蔵野女子短期大学が田無に開学 **東村山文化園（現西武園ゆうえんち）が開園** 気象通信所が埼玉県大和田町から清瀬に移転	朝鮮戦争特需（〜52年）
1951	ユネスコ村が所沢に開園（〜90年）	サンフランシスコ講和条約、日米安保条約締結
1952	**ロボット製作の日本児童文化研究所、保谷に設立** **東村山の正福寺地蔵堂が国宝に再指定**	
1953	**米軍輸送機が小平に墜落し、米兵129人死亡**	昭和の大合併（〜61年）
1954	**都立小金井公園が開園し、園内に武蔵野郷土館が開館**	
1955	米軍が旧日立航空機立川工場（東大和市）を大和基地として接収（73年に返還） **田無に東京大学原子核研究所（核研）設立（〜97年）** 東村山に国立らい研究所設立。97年に国立感染症研究所ハンセン病研究センターに	55年体制確立 神武景気（〜57年）
1957	石川島播磨工業が航空機エンジン開発・製造の田無工場を開設	
1958	**田無で地域情報誌「週刊東興通信」創刊（〜2008年）** **狩野川台風の豪雨による石神井川氾濫で甚大な被害** 小平に日立製作所武蔵工場設立	岩戸景気（〜61年）
1959	日本最大規模のひばりが丘団地が保谷・田無・東久留米に造成 西武池袋線「田無町駅」が「ひばりヶ丘駅」に改称 朝鮮大学校、小平に移転、開校	安保闘争。伊勢湾台風水害
1960	**ひばりが丘団地を皇太子夫妻が視察** **ブリヂストンタイヤ東京工場が小平で操業開始** 廃棄物を共同で処理する北部三カ町衛生組合（現柳泉園組合）発足 東村山浄水場の通水開始	
1962	**すかいらーくの原点「ことぶき食品」がひばりが丘団地に開店** **革新町長の保谷町が全国で唯一、全国中学校一斉学力調査（学テ）を中止** 武蔵野美術学校鷹の台校（現武蔵野美術大学鷹の台キャンパス）、小平に開設	

年	地域の出来事	社会の出来事
	小平市発足 **東村山に廃棄物処理施設「秋水園」完成** 北多摩地区初の都立高校、小平高、田無工業高設立 **保谷に1939年開館した民族学博物館が閉館** **日本住宅公団の東久留米団地入居開始**	
1963	東久留米にコカ・コーラ多摩工場完成 東久留米に山崎製パン武蔵野工場完成	
1964	東村山市発足 関東大干ばつによる水不足で野火止用水への分水中止（66年に通水）	東京オリンピック開催。東海道新幹線開通
1965	日本住宅公団の小平団地が完成 武蔵野女子短期大学が保谷に移転、武蔵野女子大学に。2003年、武蔵野大学に	いざなぎ景気（～70年）
1966	**東村山の建売団地・久米川文化村で400人以上の集団赤痢が発生** 東京都小平保健所開所 武蔵野市で「玉川上水を守る会」発足	
1967	田無市、保谷市発足 東京ガスがGAS MUSEUM がす資料館を小平に開館	総人口が1億人突破
1968	東久留米の日本住宅公団・滝山団地、入居開始 **小平で日本で初めてブルーベリーの商業栽培を開始**	
1969	西武鉄道が西武秩父線開業に合わせ、特急レッドアローの運行を開始	
1970	清瀬市、東久留米市発足 **武蔵村山市発足で北多摩郡内の全ての町が市となり北多摩郡消滅**	大阪で国際万博開催。日航「よど号」ハイジャック事件。（72年）沖縄が日本復帰。あさま山荘事件
1972		
1973	**JR武蔵野線が府中本町―新松戸間で運行開始。新小平駅、新秋津駅開業** 保谷で縄文時代中期の下野谷遺跡、発掘調査開始	第1次石油ショック
1974	公共事業をめぐる汚職事件「黒い霧事件」で東久留米市幹部ら逮捕 **小平で後期旧石器時代の鈴木遺跡、発掘** ダイエーが小平店出店計画を発表。小平と東村山で反対運動。79年開店	
1976	保谷市下保谷図書館に「原爆小文庫」開設 東村山出身、志村けんの東村山音頭がブームに 東村山の八坂派出所で警察官殺害事件が発生。加害者は死刑確定	ロッキード事件
1977	**清瀬の気象通信所が廃止され、気象衛星センター発足。気象衛星ひまわりを運用**	
1978	**西武ライオンズが所沢に本拠地移転を発表。79年に西武球場でこけら落としゲーム**	
1979	東京都道253号保谷狭山自然公園自転車道線（現多摩湖自転車歩行者道）が開通	第2次石油ショック
1981	**下水道処理施設の清瀬水再生センターが運転開始** 都立公園の玉川上水緑道（福生市―杉並区）開園	
1984	東京都の清流復活事業で野火止用水に水流が復活 西武グループの東伏見アイスアリーナ（現ダイドードリンコアイスアリーナ）開業	グリコ・森永事件
1985	**小平市平櫛田中館が開館（2006年「小平市平櫛田中彫刻美術館」と改称）**	日航機墜落事故。プラザ合意

年	北多摩北部の出来事	日本の出来事
1986	**西武新宿線田無駅で大雪のため電車追突、204人けが** 東京都の清流復活事業で玉川上水に水流が復活 清瀬金山緑地公園が開園	
1987	**東村山の老人ホーム「松寿園」火災で17人死亡**	国鉄分割・民営化
1988	日本社会事業大学が東京・原宿から清瀬に移転	リクルート疑惑発覚
1989	多目的電波塔「スカイタワー西東京」が田無に完成	昭和天皇逝去。元号が昭和から平成に。消費税スタート
1990	彫刻作品が並ぶ「キヨセケヤキロードギャラリー」が清瀬に開設	
1991	大雨のためJR武蔵野線新小平駅が水没。約2カ月で全面復旧	バブル経済崩壊へ。出生率1・57ショック
1992	**清瀬で警官殺害、短銃強奪事件発生。未解決で時効成立**	
1993	ルネこだいら、小平ふるさと村がオープン 戦争遺跡・旧日立航空機立川工場変電所が閉鎖。95年に東大和市の指定文化財に指定 江戸東京たてもの園が小金井公園内に開園 **東村山の国立療養所多磨全生園内に高松宮記念ハンセン病資料館開館** 所沢にユネスコ村大恐竜探検館オープン（～2006年）	55年体制崩壊で非自民連立内閣
1994	**世界最大級のプラネタリウムを持つ多摩六都科学館が田無に開館**	
1995	西武新宿線田無駅北口に商業施設「田無アスタ」がオープン **東村山で縄文時代後期を中心とする下宅部遺跡を発見** 小平市ふれあい下水道館が開館	阪神・淡路大震災。地下鉄サリン事件
1997	**コミュニティFM「エフエム西東京」設立**	山一證券が破綻
1998	多摩都市モノレール線が上北台～立川北間で開業	
1999	明治薬科大学が世田谷・田無から清瀬に移転。保谷こもれびホール開館	平成の大合併（～2010年）
2001	**田無市・保谷市合併で西東京市誕生** 小平市立第三中学校が全日本吹奏楽コンクール全国大会初出場。金賞・銀賞の常連校に シチズン田無工場跡地に本社が移転 Jリーグの「FC東京」練習場が小平に移転	熊本地裁判決でハンセン病患者の隔離政策を違憲と認め賠償命令
2002	**早稲田大学ラグビー部グラウンドが西東京・東伏見から杉並・上井草に移転**	
2003	**玉川上水が国史跡に指定**	
2004	武蔵村山の日産自動車村山工場が閉鎖 東村山に「下宅部遺跡はっけんのもり」オープン	
2005	西東京・東伏見で米軍が投下した1トン爆弾の不発弾を処理、。約7000人避難 西東京いこいの森公園が核研跡地に開園	

2007	西東京・東京大学多摩農場の移転が住民の反対運動で中止決定 高松宮記念ハンセン病資料館が国立ハンセン病資料館として開館	
2008	**石川島播磨重工業（現ＩＨＩ）が田無工場を閉鎖** **落合川と南沢湧水群が「平成の名水百選」に選出** 清瀬でひまわりフェスティバル初開催 北多摩北部5市の地域情報誌「タウン通信」創刊	リーマン・ショック
2011	玉川上水サミット開催	東日本大震災、東京電力福島第一原発事故
2012	西東京市に都立東伏見公園が開園 ショッピングセンター「イオンモール東久留米」オープン	
2013	**都の道路計画をめぐり小平市が都内初の住民投票実施、不成立** 市役所屋上で養蜂をする「東京清瀬市みつばちプロジェクト」開始	日本の総人口の4人に1人が65歳以上に
2014	戦争遺跡の武蔵野鉄道引き込み線跡が東久留米市の旧跡に文化財指定	
2015	西東京の下野谷遺跡が国史跡に指定 西武池袋線の高架化（連続立体交差化）が完了	
2016	西東京を中心とする地域報道サイト「ひばりタイムス」開設（23年休止） 東村山西武多摩湖線で土砂崩れ事故	
2018	市立田無小学校敷地から約2900点の銃剣、銃弾発見 東久留米を拠点とするFMひがしくるめ（現TOKYO854 くるめラ）設立	
2019	西武池袋線ひばりヶ丘駅北口の都市計画道路事業が完成 東村山・下宅部遺跡の出土品が重要文化財に指定	元号が平成から令和に
2020	**志村けんが新型コロナ感染で死去。21年に西武新宿線東村山駅前に銅像設置** ブリヂストン・イノベーション・ギャラリーが小平にオープン ところざわサクラタウンに角川武蔵野ミュージアム開館	新型コロナ感染拡大で非常事態宣言
2021	西東京市長選の法定ビラが違法と市民が選挙無効を求めて提訴。棄却決定 **西武池袋線東久留米駅前に「ブラック・ジャック」像完成** 小平・鈴木遺跡が国史跡に指定 所沢の西武園ゆうえんち、昭和レトロでリニューアルオープン **東久留米の自由学園が創立100年** 東久留米市立西中学校の男子・女子ハンドボール部が同時に全国優勝	東京オリンピック・パラリンピック
2022	**多摩都市モノレール延伸計画（上北台―箱根ケ崎）を発表** 三菱UFJ銀行が西東京にMUFGパーク開園	
2023	英国のマルバーンカレッジ東京校が小平で開校	

【執筆者略歴】（五十音順）

飯岡志郎（いいおか・しろう）

1951年、東京生まれ。西東京市育ちで現在は東村山市在住。75年共同通信社入社、記者としては社会部ひとすじ。長野支局長、福岡支社長などを経て2012年退社、リタイア後は歩き旅や図書館通いが趣味。

飯島幸永（いいじま・こうえい）

1942年生まれ。埼玉県所沢市在住。写真家。主な写真集に『人間上村松篁』（小学館）、『日本画家・堀文子 美の旅人』（実業之日本社）、『寒流／津軽のおんな／越後・雪下有情』（彩流社）、『暖流／八重山諸島につなぐ命』（同）。展覧会、講演などを行う。

片岡義博（かたおか・よしひろ）

1962年生まれ。山口県下関市で育つ。共同通信社の文化部記者として演劇、論壇を担当。2007年フリーに。本の執筆、編集、書評などに携わる。著書に『文章のそうじ術』（言視舎）、手掛けた本に『久米宏です。』（朝日文庫）など。2009年から小平市在住。

倉野武（くらの・たけし）

1961年、東京生まれ。2002年から西東京市在住。新聞社で30年以上の取材経験があり、近年は地域への関心を高めている。趣味は西東京市のいこいの森公園でのランニンク。

杉山尚次（すぎやま・なおじ）

1958年生まれ。翌年から現在も東久留米市在住。編集者。ひばりタイムスで2020年10月から毎月第4木曜日に「書物でめぐる武蔵野」を連載した。

中沢義則（なかざわ・よしのり）

1956年、田無町（現西東京市）生まれ。10歳で東村山市に転居。81年日本経済新聞社入社、社会部や文化部で記者、編集委員を務めた。現在は句会に参加しているほか、落語や講談を聴くのが趣味。

装丁………足立友章
DTP 制作………REN
編集協力………田中はるか

北多摩戦後クロニクル
「東京郊外」の軌跡を探る

発行日❖2024 年 3 月 31 日　初版第 1 刷
2024 年 6 月 15 日　第 2 刷

編者
ひばりタイムス企画班

発行者
杉山尚次

発行所
株式会社言視舎
東京都千代田区富士見 2-2-2　〒102-0071
電話 03-3234-5997　FAX 03-3234-5957
https://www.s-pn.jp/

印刷・製本
中央精版印刷（株）

ISBN978-4-86565-272-7 C0036